KBS 아나운서가 전하는
바른
우리말
사용
설명서

KBS 아나운서가 전하는

바른 우리말 사용 설명서

KBS 아나운서실 한국어연구회 **글** • 김상인 **그림**

주니어김영사

차례

4장 이 정도까지 알면 우리말 달인

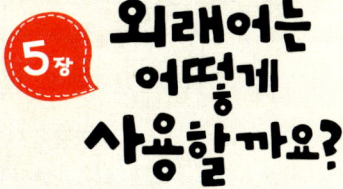

5장 외래어는 어떻게 사용할까요?

KBS 아나운서실 한국어연구회는 매달 'KBS 한국어 포스터'를 제작하고 있습니다. 이 포스터는 각 행정기관을 비롯해 전국 3000여 개 초등학교에 꾸준히 배포돼 왔습니다. 그 내용은 우리가 흔히 틀리는 '발음', '표준어', '띄어쓰기', '외래어'들을 바르게 사용할 수 있도록 쉬운 예시와 자주 사용되는 예시로 만들었습니다. 어려운 문법이나 규정들을 설명하는 것이 아니라 많이 사용하는 사례를 들어 바로 활용할 수 있게 만든 것입니다.

이렇게 만들어 온 'KBS 한국어 포스터'를 그냥 묻어 두지 않고, 학생들을 위해 교육서 출판 경험이 풍부한 주니어김영사와 손을 잡고 한 권의 책으로 엮었습니다. 그동안 제작된 많은 포스터 가운데 학생들에게 유용한 70여 개를 골라 KBS 아나운서들이 친절하게 설명한다고 생각하며 원고를 써 내려갔습니다.

1장 '우리말을 제대로 사용해 볼까요?'에서는 중요하고도 기본에 해당하는 내용을 정리했고, 2장 '아나운서처럼 말해 볼까요?'에서는 아나운서 발음 교육의 기본이 되는 내용을 학생들이 흔히 쓰는 표현 속에서 찾아봤습니다. 3장 '표준어를 배워 볼까요?'에서는 흔히 표준어로 착각하며 잘못 사용하는 단어들을 정리했습니다. 4장 '이 정도까지 알면 우리말 달인'에서는 조금씩 단계를 높여 가며 우리말에 대한 공부를 해 나가도록 내용을 담아 봤습니다. 마지막 5장 '외래어는 어떻게 사용할까요?'에서는 외래어의

정확한 발음과 표기법을 소개하며 우리말로 순화할 수 있는 외국어를 예시했습니다. 쉬어 가는 코너에서는 공영방송의 아나운서를 꿈꾸는 학생들을 위해 '아나운서가 되는 법'을 비롯해 외국인이 본 우리말의 이모저모, 한국어 교육용 로봇 '한글봇' 이야기, 어린이와 청소년을 대상으로 한 KBS한국어능력시험 소개 등 흥미로운 내용을 꼼꼼히 준비했습니다.

방송을 통해 우리말을 바르게 구사하는 KBS 아나운서들은 늘 우리말 공부를 게을리하지 않습니다. 표준 발음을 꾸준히 학습하고, 좋은 글을 많이 읽고, 평소 생활에서 바른 말을 사용하며, 자신의 생각을 정리하는 글들을 써 보는 노력까지 하고 있습니다. 영어 공부가 평생 해도 힘들다고 하지만, 우리말 공부도 제대로 하기 위해서는 노력이 필요합니다. 한글의 원리는 과학적이지만, 우리말은 발음과 음운규칙 등에 예외가 많아 쉽지 않습니다.

말은 우리의 생각과 행동을 결정합니다. 어린 시절부터 바르고 좋은 말을 사용하려는 노력은 훌륭한 성인으로 자라는 데 가장 중요한 일이라 믿습니다. 이 책이 즐겁고 신 나게 우리말을 공부하는 디딤돌이 되기를 바랍니다.

– KBS 아나운서실 한국어연구회

1장 우리말을 제대로 사용해 볼까요?

'다르다'와 '틀리다'는 다른 거예요

　많은 사람들이 '굵다'와 '두껍다' 그리고 '두텁다'를 잘 구별하지 않고 말할 때가 있어요. 그럼 '허리가 두껍다.'라는 말은 맞을까요?

　'두껍다'는 '두께가 크다'는 뜻이기 때문에 '두꺼운 이불', '책이 두껍다.'와 같이 쓸 수 있고, 반대말은 '얇다'예요. '허리'는 두께가 큰 것이 아니라 둘레가 큰 것이기 때문에 '굵다'나 '가늘다'를 쓰는 것이 맞아요. 또 '두텁다'는 서로의 관계나 정이 깊다는 뜻으로, '우정이 두텁다.'와 같이 쓸 수 있어요.

　요즘 다문화 가정이 많아지면서 주변에 피부색이 우리와 같지 않은 친구들이 있어요. 그런 친구는 '피부색이 틀린 친구'라고 할 수 있을까요? 아니에요. 어떤 피부색은 맞고 어떤 피부색은 틀린 것이 아니라, 피부색에 차이가 있다는 뜻이기 때문에 '틀리다'를 쓰면 안 되고 '다르다'를 써야 해요. 아주 많은 사람들이 잘못 쓰고 있는 대표적인 표현이 바로 '다르다'와 '틀리다'예요. '다르다'는 '같지 않다'는 뜻이고, '틀리다'는 '맞지 않다'는 뜻이니까 정확하게 구별해서 써야 합니다. 이 두 표현을 잘못 써서 틀리는 일이 없도록 주의하세요.

구별해서 사용합시다

굵다
둘레가 크다
예 팔뚝이 굵다(O) 팔뚝이 두껍다(×)

가늘다
둘레가 작다
예 면발이 가늘다(O) 면발이 얇다(×)

두껍다
두께가 크다
예 책이 두껍다(O) 책이 굵다(×)

얇다
두께가 작다
예 노트북이 얇다(O) 노트북이 가늘다(×)

두텁다
정이 깊다
예 우정이 두텁다(O) 오존층이 두텁다(×)

다르다
같지 않다
예 피부색이 다르다(O) 피부색이 틀리다(×)

틀리다
맞지 않다
예 답이 틀리다(O) 답이 다르다(×)

오늘은 왠지 축구를 하고 싶어요

왜 그런지 모르지만 좋은 일이 생길 것 같은 느낌이 드는 날은 괜히 기분이 좋지요? 이런 경우에 오늘은 '왠지' 좋은 일이 있을 것 같다고 하는 것이 맞을까요? 아니면 '웬지' 좋은 일이 있을 것 같다고 하는 것이 맞을까요?

이럴 때는 '왠지'를 쓰는 것이 맞아요. '왜 그런지 모르지만'이라는 뜻을 나타내는 '왜인지'가 줄어든 말이 '왠지'예요. '웬지'라는 말은 없어요.

'웬'은 '어떻게 된'이나 '어떤'이라는 뜻을 가진 말이에요. 그 뒤에는 보통 '사람, 날씨, 떡'과 같은 말(명사)을 쓰도록 돼 있죠. 예를 들어서 '웬 사람이 이렇게 많지요?' 또는 '이게 웬 떡이에요?'와 같이 말할 수 있는 거예요. 이제는 언제 '왠지'를 쓰고 언제 '웬'을 써야 하는지 확실하게 구별할 수 있겠죠?

친구가 책을 빌려 가서 어제까지 돌려주기로 했는데 오늘도 안 돌려줘요. 이런 경우, '오늘도 안 돌려주면 어떻게 해?'라고 말할 수 있겠죠? 이때 '어떻게 해'를 줄여서 '어떻해'라고 쓰면 틀려요. '어떻게 해'가 줄어든 말은 '어떡해'라고 써야 맞는답니다.

이것과 비슷하게 혼동되는 말로 '아무러면'과 '아무려면', '깨나'와 '꽤나' 등이 있으니 잘 알아 두세요.

14

혼동하기 쉬운 우리말

왠지
'왜인지'가 줄어든 부사(독립적으로 쓰임.)
예 오늘은 왠지 기분이 울적하다.

웬
'어찌된', '어떠한'을 뜻하는 관형사(뒤에 항상 명사가 붙음.)
예 이게 웬 떡이냐는 표정을 지었다.

깨나
'어느 정도 이상'의 뜻을 나타내는 보조사(앞말과 붙여 씀.)
예 얼굴을 보니 심술깨나 부리겠다.

꽤나
부사 '꽤'를 강조한 말(앞말과 띄어 씀.)
예 술을 꽤나 많이 마신 모양이다.

어떡해
'어떻게 해'가 줄어든 말(문장의 서술어로 씀.)
예 오늘도 안 돌려주면 어떡해(어떻게 해)?

어떻게
'어떻다'의 어간에 부사형 어미 '-게'가 붙은 말
예 오늘도 안 돌려주면 어떻게 해?

아무러면
'아무러하면'의 준말(있기 어려운 상태를 가정함.)
예 아무러면 굶어 죽기야 하겠습니까?

아무려면
'말할 나위 없이 그렇다'는 뜻의 감탄사
예 아무려면 자네 부탁인데 들어줘야지.

이 자리를 빌려 감사 말씀 전합니다

　시상식에서 상을 받는 사람들이 '이 자리를 빌어 감사 말씀 전합니다.'라고 소감을 말하는 것을 들어 봤을 텐데요, 맞는 말일까요? '빌어'의 원형인 '빌다'는 소원대로 이루어지도록 기도하거나 잘못을 용서해 달라고 부탁할 때 쓸 수 있는 말이에요. 하지만 상을 받는 자리에서 감사의 마음을 전할 때는 그 자리의 도움을 받는다의 의미로 '빌리다'를 써서 '이 자리를 빌려'로 말하는 것이 맞아요.

　그러면 김치는 '담을'까요? '담글'까요? '담다'는 그릇 안에 뭔가를 넣는다는 뜻이니까 '김치를 담아요.'는 김치를 그릇에 넣는다는 뜻이 됩니다. 김치를 만든다는 뜻을 표현할 때는 '담그다'를 써서 '김치를 담가요.'라고 해야 하죠.

　이것과는 다르게 글자를 더 넣어서 잘못 말할 때도 있어요. '날다'를 '날으다'로 잘못 써서 '하늘을 날으는 새'라고 하는데, 이것은 '하늘을 나는 새'가 맞는 표현이랍니다.

　또 지하철에서 큰 소리로 전화 통화를 안 하도록 부탁할 때는 '전화 통화를 삼가 주세요.'라고 해요. 그런데 '삼가다'를 '삼가하다'로 알고 '삼가해 주세요.'라고 잘못 말하는 사람들이 많아요. 여러분은 이번 기회에 '삼가다'로 확실하게 알아 두자고요.

함부로 줄이면 안 돼요

줄이지 마세요	늘리지 마세요

줄이지 마세요

애달프다(○)/애닯다(✕)
예 애달프기 짝이 없다.(○)
애닯기 짝이 없다.(✕)

피우다(○)/피다(✕)
예 게으름을 피우지 마라.(○)
게으름을 피지 마라.(✕)

담그다(○)/담다(✕)
예 김치를 맛있게 담갔다.(○)
김치를 맛있게 담았다.(✕)

빌리다(○)/빌다(✕)
예 이 자리를 빌려
감사 말씀 전합니다.(○)

이 자리를 빌어
감사 말씀 전합니다.(✕)

늘리지 마세요

삼가다(○)/삼가하다(✕)
예 흡연을 삼가 주시기 바랍니다.(○)
흡연을 삼가해 주시기 바랍니다.(✕)

가리다(○)/가리우다(✕)
예 해를 가린 채(○)
해를 가리운 채(✕)

날다(○)/날으다(✕)
예 나는 새도 떨어뜨렸다.(○)
날으는 새도 떨어뜨렸다.(✕)

불다(○)/부르다(✕)
예 피리를 멋지게 불어다오.(○)
피리를 멋지게 불러다오.(✕)

'뻐꾹' 하고 우는 새는 뻐꾸기예요

　아무렇게나 굴려도 똑바로 일어서는 장난감이 있어요. 이 장난감의 이름은 '오뚜기'가 맞을까요? '오뚝이'가 맞을까요?

　둘 다 [오뚜기]라고 발음하지만 글자로 쓸 때는 '오뚝이'가 맞는답니다. 그럼 이것을 왜 '오뚝이'라고 쓸까요? 이 말은 원래 '오뚝하다'라는 말에서 온 것인데 '-하다'가 붙어 있는 말 '오뚝'에 '-이'가 붙어서 된 것이기 때문에 원형인 '오뚝'을 살려서 쓴답니다.

　또 어린아이의 말로 '돼지'를 '꿀꿀이'라고 하는데, 이것도 원래 돼지가 소리를 낸다는 뜻인 '꿀꿀하다'에서 온 거예요. 그래서 '꿀꿀'이라는 부분을 그대로 살리고 뒤에 '-이'를 붙여서 '꿀꿀이'라고 쓰는 거죠.

　그런데 '뻐꾹' 하고 우는 새는 '뻐꾹이'라고 쓰지 않고 '뻐꾸기'라고 써요. 그것은 '오뚝이'나 '꿀꿀이'와는 다르게 '뻐꾹하다'라는 말이 없기 때문에, '뻐꾹'이라는 말 뒤에 '-이'가 붙은 경우에는 원형을 살려서 쓰지 않고 [뻐꾸기]라고 소리 나는 대로 쓴답니다. 새 이름 중에 이런 것이 많아요. '꾀꼴' 하고 예쁘게 우는 새도 '꾀꼬리'라고 쓰고, 날카로운 부리로 나무에 구멍을 내서 그 속의 벌레를 잡아먹는 '딱따구리'도 소리 나는 대로 쓰죠.

오뚝이와 뻐꾸기

오뚝하다(○) → 오뚝이(○)
오뚜기(×)

뻐꾹하다(×) → 뻐꾸기(○)
뻐꾹이(×)

홀쭉하다(○) → 홀쭉이(○)
홀쭈기(×)

깍둑하다(×) → 깍두기(○)
깍둑이(×)

꿀꿀하다(○) → 꿀꿀이(○)
꿀꾸리(×)

꾀꼴하다(×) → 꾀꼬리(○)
꾀꼴이(×)

배불뚝하다(○) → 배불뚝이(○)
배불뚜기(×)

딱따굴하다(×) → 딱따구리(○)
딱따굴이(×)

'-하다'가 붙는 어근에 '-이'가 붙어서 명사가 된 경우에는 원형을 밝혀 적음.

'-하다'가 붙을 수 없는 어근에 '-이'가 붙어서 명사가 된 경우에는 원형을 밝혀 적지 않음.

음악을 너무 크게 들으면
가는귀먹어요

　　이어폰을 꽂고 음악을 크게 듣는 사람들이 참 많죠? 자주 이렇게 하다 보면 귀가 아주 안 좋아진다고 해요. 특히 귀에 이어폰을 꽂고 걸어가면서 음악을 들으면 교통사고 위험까지 있어요. 이어폰 사용 때문에 요즘 '가는귀먹은 사람들'이 많아지고 있어요. '가는귀먹었다'는 것은 작은 소리를 잘 알아듣지 못할 정도로 귀에 문제가 생겼다는 뜻이에요. 이때 이 단어는 '가는귀먹다'라고 모두 붙여서 쓰도록 돼 있어요. 글자가 이렇게 많은데 모두 다 붙여서 쓰니까 조금 어색해 보이죠? 그래도 이것은 한 단어이기 때문에 모두 붙여 써야 해요.

　　'가는귀먹다'보다도 더 많은 글자를 모두 붙여 쓰는 단어도 있어요. 조금 전까지 있던 물건이 사라져서 안 보일 때 'OO가 온데간데없다.'예요. 이것은 '온 곳과 간 곳이 없다'는 뜻이지만 한 단어이기 때문에 여섯 글자를 모두 붙여서 쓰는 거예요.

　　걱정거리가 있거나 마음이 불안하면 어쩔 줄 모르고 앉았다 일어섰다 하는 것을 '안절부절못하다'라고 해요.

　　너무 많은 글자가 하나로 붙어 있어서 조금 이상하게 보일 수도 있지만 하나의 단어이니까 꼭 붙여서 써야 해요. 이런 단어들은 따로 모아서 기억해 두면 글쓰기에 많은 도움이 될 거예요.

아나운서와 함께 배우는
우리말 우리글

우리는 한 단어, 붙여 써 주세요

못지않다	일정한 수준이나 정도에 뒤지지 않다.
큰코다치다	크게 봉변을 당하거나 무안을 당하다.
가는귀먹다	작은 소리를 잘 알아듣지 못할 정도로 귀가 조금 먹다.
보잘것없다	볼 만한 가치가 없을 정도로 하찮다.
온데간데없다	감쪽같이 자취를 감추어 찾을 수가 없다.
안절부절못하다	마음이 초조하고 불안하여 어찌할 바를 모르다.
이제나저제나	언제 어떤 일이 일어날지 알 수 없을 때

지금 가도 **돼요?**

글자로 쓸 때 '되요'가 맞는지, '돼요'가 맞는지 많이 혼동되지요? '지금 가도 괜찮다.'고 할 때 '지금 가도 되요.'와 '지금 가도 돼요.' 중 어느 것이 맞을까요?

어느 것이 맞는지 판단하기가 어려울 때는 그 말을 풀어서 쓸 수 있는지를 생각해 보면 분명하게 알 수 있어요. 원래 '돼요'는 '되어요'를 줄여서 쓴 말이기 때문이죠. 이제 '되요'와 '돼요' 중에서 무엇이 맞는지 알겠지요?

그럼 '허가'를 받으려고 물어볼 때는 '되지?'와 '돼지?' 중에서 어느 것이 맞을까요? 이 경우에는 '되어지?'라는 말이 없으니까 '돼지?'가 아니라 '되지?'라고 써야 해요.

그런데 꿀꿀하는 '돼지'는 다르겠죠? '돼지'는 동물 이름이에요. 그러니까 그냥 '돼지'인 거죠.

'되고'도 '되어고'라고 풀어 쓸 수 없으니까 '돼고'라는 말도 잘못된 거예요. '되' 뒤에 -고, -지, -면과 같이 자음으로 시작하는 말이 올 때는 그냥 '되'를 쓰면 된답니다.

이것은 '되다'의 경우에만 그런 것이 아니라 '되다'처럼 모음 'ㅚ'로 된 것은 모두 마찬가지예요. 그래서 '바람을 쐬요.'가 아니라 '쐐요'가 맞고, '이따 뵈야지.'가 아니라 '이따 봬야지.'라고 하는 겁니다.

틀리기 쉬운 준말

아나운서와 함께 배우는
우리말 우리글

준말	본말	원형	예 문
쇄	**쇠어**	**쇠다**	명절 잘 쇠라.(×) 명절 잘 쇄라.(○)
돼	**되어**	**되다**	너무 오래 되서(×) 너무 오래 돼서(○)
봬	**뵈어**	**뵈다**	이따 뵈요.(×) 이따 봬요.(○)
쐐	**쐬어**	**쐬다**	바람을 쐬었어요.(×) 바람을 쐤어요.(○)
좨	**죄어**	**죄다**	나사를 꽉 죄야지.(×) 나사를 꽉 좨야지.(○)
쬐	**쬐어**	**쬐다**	볕을 많이 쬤다.(×) 볕을 많이 쬈다.(○)

'설레임'이 아니라 '설렘'이에요

　좋은 일이 있거나 기대하는 것이 있을 때는 마음이 가라앉지 않고 들떠서 가슴이 두근거려요. 이럴 때 '가슴이 설레이다.'라고 말하는 사람들이 많아요. 그런데 '설레이다'는 잘못된 표현이고 '이'자가 빠진 '설레다'가 맞는 말이랍니다. 따라서 명사형도 '설레임'이 아니라 '설렘'이 맞는 표현이지요(아이스크림 이름은 그냥 이름일 뿐이에요).

　친구들과 뛰어놀다 보면 땀이 많이 나서 옷이 땀으로 푹 젖었을 때 '땀에 배인 옷'과 '냄새가 배인 옷'이라고 잘못 쓰기 쉬운데, 이때도 '배이다'가 아니라 '배다'를 쓰는 것이 맞아요.

　그런데 이것과는 다르게 '이'자가 꼭 들어가야 하는 표현들도 있답니다. 옆에서 나는 시끄러운 소리나 다른 사람 때문에 잠을 자다가 깨게 될 때는 '단잠이 깨이다.'라고 해요. '깨이다'에서 '이'자는 다른 힘에 의해서 움직이는 것을 나타내는 말이니까 이때는 꼭 써야 하는 거예요. 어떤 때 '이'자를 넣고, 빼는지 잘 기억해 주세요.

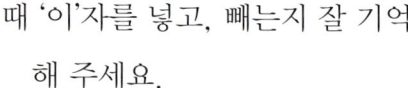

'이'를 바르게 사용합시다

필요한 '이'	불필요한 '이'
매다(O)/매이다(O) 예 옷고름을 맨 여인(O) 옷고름이 매인 저고리(O)	**개다(O)/개이다(×)** 예 맑게 갠 하늘(O) 맑게 개인 하늘(×)
에다(O)/에이다(O) 예 살을 에는 추위(O) 살이 에이는 추위(O)	**배다(O)/배이다(×)** 예 땀이 밴 옷(O) 땀이 배인 옷(×)
깨다(O)/깨이다(O) 예 단잠을 깨다.(O) 단잠이 깨이다.(O)	**메다(O)/메이다(×)** 예 목이 멘다.(O) 목이 메인다.(×)
꾀다(O)/꾀이다(O) 예 친구를 꾐.(O) 친구에게 꾀임.(O)	**설레다(O)/설레이다(×)** 예 가슴이 설렘.(O) 가슴이 설레임.(×)
타동사에 접미사 '이'를 붙여 피동형을 만든 경우	자동사에 피동접미사 '이'를 불필요하게 붙여서 잘못된 경우

재산 일체를 기부했어요

    한자 중에는 하나의 글자가 두 개 이상의 소리를 가지고 있는 것들이 있어요. '일절'과 '일체'가 바로 그런 보기라고 할 수 있지요. 둘 다 '一切'라고 쓰지만 '切'를 어떤 경우에는 '절'로 읽고 또 어떤 경우에는 '체'로 읽는답니다. 그럼 '일절'과 '일체'를 어떻게 사용하는지 같이 알아보기로 해요.

    먼저 '일절'이라고 읽을 때는 '아주', '전혀', '절대로'라는 뜻으로 쓰여요. 그래서 '말을 일절 하지 않았다.'라고 하면 말을 전혀 하지 않았다는 뜻이 되고, '출입을 일절 금합니다.'라고 하면 출입을 절대로 할 수 없다는 뜻이 됩니다. '일절'은 어떤 것에 대해서 아니라고 하거나 하면 안 된다는 '부정'을 말할 때 사용해요.

    한편 '일체'라고 읽을 때는 '모든 것을 다' 또는 '모든 것'이라는 뜻으로 쓰여요. '걱정은 일체 털어 버리자.'라는 말은 걱정을 모두 다 깨끗하게 정리하자는 뜻이에요. '재산 일체를 기부했다.'라는 말은 재산의 모든 것을 기부했다는 뜻이 돼요. 그래서 '일체'는 '전부'를 뜻할 때 쓸 수 있는 말이에요.

    그럼 '저희 가게에서는 아기에게 필요한 모든 물건을 팔고 있습니다.'라는 뜻으로 말하려면 어떻게 해야 할까요?

    네, '저희 가게에서는 아기용품 일체를 판매하고 있습니다.'라고 '일체'를 써서 말하면 돼요.

'일절', '일체'를 구별합시다

一切	
일절(一切)	**일체(一切)**
切: 끊을 절 사물을 부인하거나 행위를 금지할 때	切: 모두 체 전부, 전체를 뜻할 때
부사 '아주', '전혀', '절대로' 출입을 일절 금하다. (O) 출입을 일체 금하다. (×) 일절 간섭하지 마시오. (O) 일체 간섭하지 마시오. (×) 말을 일절 하지 않았다. (O) 말을 일체 하지 않았다. (×)	**부사** '모든 것을 다' 걱정은 일체 털어 버리자. (O) 걱정은 일절 털어 버리자. (×) **명사** '모든 것', '온갖 것' 재산 일체를 기부했다. (O) 재산 일절을 기부했다. (×)

장애는 불편할 뿐 불행이 아닙니다

우리 주위에는 몸의 기능에 문제가 있거나 인지 능력이 조금 부족해서 생활하는 데에 불편을 느끼는 사람들이 있어요. 이와 같은 사람을 가리켜 말할 때는 '장애인'이라는 표현을 사용하는 것이 좋아요.

'불구자'나 '장애자'는 상대를 너무 낮춰서 부르는 표현이고, 한때 사용하던 '장애우'라는 말에서 '우(友)'는 '친구'라는 뜻이니까 장애를 가진 사람을 모두 부르기에는 알맞은 표현이 아니에요. 그리고 이 표현은 장애인을 반드시 남의 도움이 필요한 존재로 인식하게 만들기도 합니다. 그래서 아이에서부터 노인들까지 구별 없이 모두 사용할 수 있는 일반적인 표현은 '장애인'이라고 할 수 있지요.

어디에 장애가 있느냐에 따라서 이름이 나뉘어요. 앞을 보지 못하는 사람은 '시각장애인'이라고 불러요. '장님'이나 '봉사' 같은 말은 '시각장애인'을 낮춰서 부르는 말이에요. 듣는 데에 문제가 생겨서 소리를 듣지 못하는 사람은 '청각장애인'이라고 해요. '귀머거리'라는 말도 낮춰 부르는 말이니까 쓰지 않아야죠. 청각이나 발음 기관에 문제가 있어서 말을 할 수 없는 사람은 '언어장애인'이라고 해요. '벙어리'라는 표현도 쓰면 안 돼요.

그리고 팔이나 다리 같은 곳 또는 근육, 신경 등에 장애가 있는 경우에는 '지체장애인'이라고 부른답니다. 장애인을 부르는 명칭 중에서 낮춰 부르는 말은 사용하지 않도록 주의하세요.

28

잘못 사용하는 장애인 관련 명칭

불구자, 장애자 (×)	→	장애인 (○)
장님, 봉사, 애꾸 (×)	→	시각장애인 (○)
귀머거리 (×)	→	청각장애인 (○)
벙어리 (×)	→	언어장애인 (○)
절름발이, 앉은뱅이 (×)	→	지체장애인 (○)
정신박약아, 저능아 (×)	→	지적장애인 (○)

※ 4월 20일은 '장애인의 날'입니다.

'개그 콘서트'는 시청률이 높아요

KBS 2 텔레비전에서 방송되고 있는 '개그 콘서트'는 시청률이 20%가 넘을 정도로 인기 있는 예능 프로그램이지요.

텔레비전으로 방송되는 프로그램이 시청되고 있는 정도를 '시청률'이라고 하는데, '률(率)'은 '퍼센트(%)'를 나타내는 한자예요. 그런데 이것을 어떤 경우에는 '율'이라고 쓰고 또 어떤 경우에는 '률'이라고 쓴답니다. 같은 한자인데 왜 '율'과 '률'로 다르게 쓰는지 그 이유를 설명해 줄게요.

먼저 '비율, 방어율, 이자율, 득표율'이라는 말에서 공통점을 찾아보세요.

조금 어려웠을 수도 있겠는데요, '율'자 앞에 있는 글자를 보면 모두 받침이 없지요? 이렇게 받침이 없는 말 뒤에 올 때는 '율'이라고 써요.

그리고 '환율, 백분율, 출산율, 할인율'이라는 말에서는 '율'자 앞에 있는 글자가 모두 'ㄴ' 받침으로 끝난 것을 볼 수 있을 거예요. 결론적으로 말해 앞에 오는 말이 받침이 없거나 'ㄴ' 받침으로 끝난 경우에는 '율'을 쓰는 거예요.

그런데 '시청률, 실업률, 합격률' 같은 단어처럼 'ㄴ' 이외의 받침이 있는 경우에는 '률'을 써요. 이렇게 같은 한자를 쓰는 말이라고 해도 앞에 오는 말의 받침이 어떠냐에 따라서 '율'과 '률'로 구별해서 적는답니다.

'율', '률'을 구별합시다

'–율'을 붙임	'–률'을 붙임
모음 뒤에	'ㄴ' 이외의 모든 받침 뒤에
비율 방어율	합격률 수익률
이자율 득표율	출석률 확률
	굴절률 공실률
'ㄴ' 받침 뒤에	보급률 실업률
백분율 불문율	경쟁률 능률
환율 선율	성장률 시청률

아기에게 우유를 먹여요

아기가 배가 고파 울고 있으면 할머니께서 엄마한테 '애기 우유 멕여야겠다.'라고 말씀하시는 것을 들어 본 적이 있지요? 그런데 이 말에는 표준어가 아닌 것이 섞여 있어요.

먼저 '애기'는 '아기'를 말하는 것이고 또 '멕여야겠다'는 '먹여야겠다'를 말하는 거예요. 이 단어들의 공통점은 모음 'ㅣ'의 영향을 받아서 앞에 있는 말들을 발음하기 더 편하게 '애', '멕'으로 한다는 거예요. 하지만 이렇게 말하는 것을 표준어로 인정하지 않기 때문에 '아기, 먹이다'라고 하는 것이 맞아요.

이것과는 다르게 예외적으로 표준어로 인정하고 있는 것들도 있어요. '남비'라는 말에서 '비'의 모음 'ㅣ' 때문에 '남비'를 '냄비'로 발음하게 된 것이 결국 표준어가 됐어요.

'-장이'와 '-쟁이'를 구별해서 쓰는 원칙은 알고 있나요? 어떤 기술을 가지고 있는 사람을 말할 때는 '-장이'를 써서 '미장이, 대장장이'와 같이 쓰고, 기술자가 아닌 사람의 특징을 말할 때는 '-쟁이'를 써서 '멋쟁이, 겁쟁이, 고집쟁이'라고 쓴답니다.

아기 우유 먹어라

32

'ㅣ'모음 역행동화

• 앞 모음이 뒤의 'ㅣ'모음의 영향을 받아 바뀜.

인정하지 않음	인정함
원칙적으로 'ㅣ'모음 역행동화 형태를 표준어로 인정하지 않음.	예외적으로 'ㅣ'모음 역행동화 형태를 표준어로 인정함.
아기(O) 애기(×)	냄비(O) 남비(×)
차이다(O) 채이다(×)	풋내기(O) 풋나기(×)
아지랑이(O) 아지랭이(×)	신출내기(O) 신출나기(×)
미장이(O) 미쟁이(×)	멋쟁이(O) 멋장이(×)
기술자의 경우 '-장이'가 표준어	기술자가 아닌 경우 '-쟁이'가 표준어

착한 사람을 순한 양에 비유해서 말해요

'우리는 극장에서 영화를 봤어요.'라는 말에서 '는, 에서, 를' 같은 말을 '조사'라고 해요. '조사'는 말과 말 사이에서 문법적인 관계를 표시해 주거나 그 말의 뜻을 도와주는 것인데, 이번에는 '조사'에 대해서 알아볼까요?

'장난을 치다가 개에 물렸다.'라는 문장이 맞는지 틀리는지 한번 잘 보세요. 만약에 이 문장이 틀리다면 어디가 잘못됐는지 알겠나요?

이 문장에서는 '개에 물렸다.'가 아니라 '개에게 물렸다.'라고 해야 맞아요. 사람이나 동물처럼 감정을 나타내는 명사를 '유정명사'라고 하고, 식물이나 무생물처럼 감정을 나타내지 못하는 명사를 '무정명사'라고 하는데, 유정명사 뒤에는 '에게'를 쓰고 무정명사 뒤에는 '에'를 쓰도록 돼 있기 때문이지요.

그럼 '평생 모은 돈을 병원에게 기증했다.'라는 문장은 어떨까요? 여기서는 반대로 '에게'가 아니라 '에'를 쓰는 것이 맞아요. '병원'은 무정명사이기 때문에 '에게'를 쓸 수 없으니까요.

유정명사

'비교하다'와 '비유하다'를 쓸 때도 조사를 틀리는 경우가 가끔 있어요. '비교하다'는 '○○을 △△과 비교하다'로 쓰고, '비유하다'는 '◇◇을 □□에 비유하다'라고 써야 해요.

조사의 올바른 사용

이번 경기는 아쉽게도 일본에게 패하였다.(×)

➤ 일본에 패하였다.(○)

- -

장난을 치다가 개에 물렸다.(×)

➤ 개에게 물렸다.(○)

> ※ 무정명사(식물, 무생물)의 뒤에는 '에'를 붙이고 유정명사(사람, 동물)의 뒤에는 '에게'를 붙임.

흔히 바둑을 인생과 비유하곤 한다.(×)

➤ 바둑을 인생에 비유하곤 한다.(○)

- -

이 집을 옛 집에 비교하면 궁궐이다.(×)

➤ 이 집을 옛 집과 비교하면 궁궐이다.(○)

> ※ (~을, ~에) 비유하다 │ (~을, ~과) 비교하다

'깨끗하지 않다'를 줄이면 '깨끗지 않다'가 돼요

우리말에는 '본말'과 '준말'이 있어요. '본말'은 '줄이지 않은 원래의 말'이고 '준말'은 '단어의 일부분이 줄어든 말'이지요. 예를 들어 '서두르다'를 '서둘다'라고도 할 수 있는데, 여기서 '서두르다'는 본말이고, '서둘다'는 준말이에요.

그런데 동사와 형용사를 줄여서 쓸 때 꼭 지켜야 하는 규칙이 있어요. '깨끗하지 않다'를 줄이면 '깨끗지 않다'가 되는데, 여기서는 '하'라는 글자가 완전히 빠져요. 이렇게 '하' 앞에 'ㄱ, ㅂ, ㅅ' 같은 받침이 있는 경우 '하'를 모두 생략할 수 있어요. '깨끗하지 않다'를 다시 보면, '하' 앞의 '끗'이라는 글자에 'ㅅ' 받침이 있기 때문에 '하'를 줄여서 '깨끗지 않다'가 되는 거죠. 이와 마찬가지로 '생각하건대'와 '섭섭하지 않게'는 '하'자가 모두 줄어서 '생각건대'와 '섭섭지 않게'로 되는 겁니다.

이와는 다르게 '하' 앞에 모음이나 'ㄴ, ㅁ, ㅇ' 같은 받침이 있으면 '하'에서 모음 'ㅏ'만 줄여요. '연구하도록'을 한번 볼까요? '하' 앞에 있는 '구'자에는 받침이 없으니까 모음 'ㅏ'가 줄면 '연구ㅎ도록'이 되는데 'ㅎ'과 'ㄷ'이 만나면 'ㅌ'이 되기 때문에 결국 '연구토록'이 된답니다. '간편하게 하다'는 '하' 앞에 'ㄴ' 받침이 있으니까 '간편케 하다'가 돼요. 이와 더불어 'ㅎ'과 'ㄱ'이 만나면 'ㅋ'이 되고, 'ㅎ'과 'ㅈ'이 만나면 'ㅊ'이 된다는 것도 같이 알아 두세요.

제대로 줄입시다

'하'를 모두 줄임

본 말		준 말
생각하건대	▶	생각건대(○) 생각컨대(×)
섭섭하지 않게	▶	섭섭지 않게(○) 섭섭치 않게(×)
깨끗하지 않다	▶	깨끗지 않다(○) 깨끗치 않다(×)

※'하' 앞에 'ㄱ, ㅂ, ㅅ' 등의 무성음 받침이 있으면 '하'를 모두 줄임.

'하'의 모음 'ㅏ'만 줄임

본 말		준 말
연구하도록	▶	연구토록(○) 연구도록(×)
간편하게 하다	▶	간편케 하다(○) 간편게 하다(×)
무심하지 않다	▶	무심치 않다(○) 무심지 않다(×)
실망하게 하다	▶	실망케 하다(○) 실망게 하다(×)

※'하' 앞에 모음이나 'ㄴ, ㅁ, ㅇ' 등의 유성음 받침이 있으면 모음 'ㅏ'만 줄임.

그분은
호랑이 선생님으로 **불려요**

　'무서운 선생님'을 '호랑이 선생님'이라고 부르지요? 이것을 '우리는 그분을 호랑이 선생님이라고 부릅니다.'라고 말할 수도 있지만, '그분은 호랑이 선생님으로'라고 하면 그 다음에는 어떤 말을 쓰는 것이 좋을까요?

　아마 '불리어집니다'라고 한 친구들도 있을 텐데 이것은 바른 표현이 아니고 '불립니다'가 맞는답니다.

　남의 움직임에 따라 어떤 동작을 하게 되는 것을 '피동'이라고 하는데, '부르다'의 피동형은 '불리다'예요. '불리다'를 '불리어지다'라고 하면 피동을 두 번 쓰는 것이기 때문에 잘못된 표현이 돼요. 이렇게 피동을 두 번 써서 잘못된 표현을 하는 경우가 생각보다 많아요.

　피동형은 동사의 원래 형태에서 중간에 '이, 히, 리, 기' 같은 말을 붙여서 만들어요. 예를 들면 '보다'의 피동형은 '보이다', '묻다'의 피동형은 '묻히다', 그리고 '찢다'는 '찢기다'가 돼요. '-하다'가 붙어 있는 경우에는 '-되다'로 어미를 바꾸면 피동형이 되니까 '초대하다'의 피동형은 '초대되다'인 거죠.

　그럼 서울에는 25개 구가 있다는 것을 동사 '나누다'의 피동형을 사용해서 말하면 어떻게 될까요? '나누다'의 피동형은 '나누이다'인데 주로 준말인 '나뉘다'로 쓰니까 '서울은 25개 구로 나뉩니다.'라고 해야 맞습니다.

동작을 당하는 표현

원형	피동형	이중 피동형(×)
보다	보이다	보여지다(×)
묻다	묻히다	묻혀지다(×)
부르다	불리다	불리어지다(×)
찢다	찢기다	찢겨지다(×)
나누다	나뉘다	나뉘어지다(×)
생각하다	생각되다	생각되어지다(×)

증가할 것으로 보입니다.(○)   증가할 것으로 보여집니다.(×)

묻힌 진실(○)   묻혀진 진실(×)

자주 불린 노래(○)   자주 불리어진 노래(×)

찢긴 가슴(○)   찢겨진 가슴(×)

증가할 것으로 생각됩니다.(○)   증가할 것으로 생각되어집니다.(×)

※ 피동(被動)은 남의 움직임에 의해 동작을 당하게 됨을 의미함.

※ '이, 히, 리, 기' 등의 피동접미사에 다시 피동보조동사 '−어지다'를 붙이면 안 됨.

라면이 불으면 맛이 없어요

　라면이나 국수 같은 것을 끓여 놓고 오래 지나면 국물 속에서 국숫발이 굵어지고 맛도 없어지죠. 이럴 때 '라면이 불면 맛이 없어요.'와 '라면이 불으면 맛이 없어요.' 중에서 어느 것이 맞는 표현일까요?

　정답부터 얘기하면 '불으면'이 맞아요. 이런 경우에 쓸 수 있는 말은 '붇다'인데요, 이 동사는 '붇고, 붇지, 불어요, 불으면'이라고 활용해요. 이와 비슷하게 활용하는 동사에는 '걷다'('걷고, 걷지, 걸어요, 걸으면'으로 활용)와 '듣다'('듣고, 듣지, 들어요, 들으면'으로 활용)가 있어요.

　그러면 '붇다[붇따]'와 발음이 똑같은 '붓다[붇따]'라는 말은 어떤 뜻일까요? 모기한테 물리면 가려워서 막 긁게 되는데, 그러면 피부가 빨갛게 부풀어 오르게 돼요. 그래서 이럴 때는 '모기한테 물린 곳이 부었어요.'라고 말할 수 있어요. 그런데 '붓다'는 문장으로 말할 때 '붇다'와는 조금 다르게 '붓고, 붓지, 부어요, 부으면'이라고 활용해요. 그래서 받침 ㅅ이 없어지고 '부었어요'라고 말하는 거랍니다.

　이렇게 동사의 활용 과정 중에 있는 표현의 발음이 같거나 비슷해서 혼동하기 쉬운 말들은 특별히 잘 구별해서 써야 해요.

40

구별하여 사용합시다

붇다(불어, 불으니)

① 물에 젖어서 부피가 커지다.
> 예 라면이 불어 맛이 없다.

② 분량이나 수효가 많아지다.
> 예 체중이 많이 불었다.

붓다(부어, 부으니)

① 피부가 부풀어 오르다.
> 예 얼굴이 부어 보였다.

② 불입금을 기간마다 내다.
> 예 은행에 적금을 부었다.

받다

머리나 뿔 따위로 세차게 부딪치다.
> 예 서로 치고 받고 싸웠다.

박다

머리 따위를 부딪치다.
> 예 벽에 이마를 박고 뒤로 넘어졌다.

가름하다

사물이나 상황을 구별하다.
> 예 선수들의 투지가 승패를 가름했다.

갈음하다

다른 것으로 바꾸어 대신하다.
> 예 이것으로 인사말을 갈음합니다.

방을 깨끗이 청소하니까 기분이 좋아요

'노래를 조금 잘하는 것'과 '노래를 아주 잘하는 것'은 많이 달라요. 이렇게 '조금'이나 '아주'처럼 다른 말 앞에서 그 뜻을 분명하게 해 주는 것을 '부사'라고 해요. 형용사 '솔직하다'를 부사로 만들면 '솔직히'가 되는데, 그럼 '깨끗하다'도 '깨끗히'라고 바뀔까요?

먼저 '솔직히'처럼 끝에 '-히'를 붙이는 말들은 '솔직하다'와 같이 '-하다'로 끝나는 말이에요. '영원하다', '조용하다'도 마찬가지로 '영원히', '조용히'라고 하지요.

그렇다면 '깨끗하다'도 '-하다'로 끝난 말이니까 '깨끗히'가 맞을까요? 이것은 조금 달라요. '-하다'로 끝나더라도 그 앞에 있는 말의 받침이 'ㅅ'이면 '-이'를 써요. '깨끗하다'는 '끗'에 'ㅅ' 받침이 있으니까 '-이'를 붙여서 '깨끗이'라고 쓰죠. 이와 마찬가지로 '지긋하다'와 '버젓하다'도 '지긋이, 버젓이'라고 '-이'를 붙여서 씁니다.

이와는 달리 부사 끝에 '-이'를 붙여서 또 다른 형태의 부사를 만들 때가 있어요. 여러 가지로 깊이 생각할 때 '곰곰' 생각한다고 하는데, 부사 '곰곰'에 '-이'를 붙여 '곰곰이'라고도 할 수 있답니다.

영원하다 → 영원히
조용하다 → 조용히
깨끗하다 → ?

아나운서와 함께 배우는
우리말 우리글

'이', '히'를 구별합시다

'-이'를 붙임	'-히'를 붙임
'-하다'가 붙는 어근의 받침이 'ㅅ'으로 끝날 때	'-하다'가 붙는 어근 뒤에
깨끗하다 ➡ 깨끗이 지긋하다 ➡ 지긋이 버젓하다 ➡ 버젓이	영원하다 ➡ 영원히 조용하다 ➡ 조용히 솔직하다 ➡ 솔직히
이미 부사인 표현 뒤에	'-하다'가 붙는 어근에 '-히'가 결합한 부사가 줄어들 때
곰곰 ➡ 곰곰이 더욱 ➡ 더욱이	익숙히 ➡ 익히 특별히 ➡ 특히

바닷가에서 조개를 주웠어요

여름방학에 가족과 같이 '바닷가'로 놀러 가 본 적이 있나요? '바닷가'라는 말은 원래 '바다'와 '가'라는 말이 합해진 거예요. 마지막에 있는 '가'를 [까]로 발음해서 [바닫까/바다까]라고 하기 때문에 '바다' 아래에 'ㅅ' 받침을 쓰는데, 이것을 '사이시옷'이라고 불러요. '바닷가[바닫까/바다까]'처럼 뒤에 붙은 말의 첫소리가 'ㄲ, ㄸ, ㅃ, ㅆ, ㅉ' 같은 된소리로 발음되는 경우에는 사이시옷을 붙이는 거랍니다.

우리말 두 개가 결합한 표현에서 '바다'처럼 앞의 말에 받침이 없으면 사이시옷을 쓸 수 있어요. '나무의 가지'를 뜻하는 '나뭇가지'는 '나무'와 '가지'라는 순우리말로 된 합성어인데 [나묻까지/나무까지]라고 발음되기 때문에 사이시옷이 들어가는 거죠.

그리고 '코'라는 우리말과 '병(病)'이라는 한자어가 만나 '코에 생긴 병'을 일컫는 단어는 [콛뼝/코뼝]으로 발음되니까 '콧병'이라고 쓰고, 또 '장미(薔薇)'라는 한자어와 '빛'이라는 우리말이 합해진, '장미 꽃잎 색깔'을 말하는 단어는 [장믿삗/장미삗]이라고 발음되기 때문에 '장밋빛'이라고 사이시옷을 쓰지요. 다시 말하면 우리말로만 된 단어의 결합이거나 우리말이 한자의 앞에든지 뒤에든지 붙어 만들어진 단어라면 사이시옷을 써요.

그런데 '바닷가'는 '다'에 받침이 없기 때문에 사이시옷을 써서 '바닷가'라고 쓸 수 있지만, '강가'는 [강까]로 발음하더라도 '강'이라는 말에 벌써 받침

이 있기 때문에 여기에 사이시옷을 덧붙여서 쓰지
않고 그냥 '강가'라고 쓰는 거예요.

  그럼, '위의 층'은 '위층'과 '윗층' 중에서 어느 것이 맞을까요?

  '위'자에 받침이 없어서 사이시옷을 써야 할 것 같지만, 이것은 사이시옷
을 쓰지 않는 '위층'이 맞아요. 그 이유는 'ㅍ, ㅌ, ㅋ, ㅊ' 같은 거센소리나
'ㅃ, ㄸ, ㄲ, ㅆ, ㅉ' 같은 된소리 표기 앞에서는(주의! 발음이 아니라 표기예요.)
사이시옷을 적지 않기 때문이지요. '층'이 거센소리 'ㅊ'으로 시작하니까 '윗
층'이라고 쓰지 않는 거랍니다. 이것과 마찬가지로 '윗쪽'이 아니라 '위쪽'이
라고 써야 하고요.

오지 마!

ㅍ ㅌ ㅋ
ㅊ
ㅃ ㄸ
ㄲ ㅆ
ㅉ

사이시옷

지금까지 설명한 내용은 주로 순우리말 단어가 들어가 있는 표현들이었지만, 한자어끼리 결합한 표현들은 조금 다르답니다. 보통 한자로만 만들어진 단어에서는 사이시옷을 붙이지 않아요. 예를 들어서 '대가(代價)'는 [대까]로 발음되지만 '댓가'라고 쓰지 않고, '개수(個數)'는 [개쑤]로 발음되지만 역시 '갯수'라고 사이시옷을 쓰지 않지요. 주의할 점은 한자어 결합 단어 중에서 '곳간(庫間), 셋방(貰房), 숫자(數字), 찻간(車間), 툇간(退間), 횟수(回數)' 이렇게 여섯 개의 단어에는 사이시옷이 들어간다는 거예요.

　　그리고 우리말에는 외국에서 온 외래어도 많이 있는데, 외래어와 순우리말의 합성어에는 사이시옷을 적지 않도록 돼 있어요. '피자(pizza)를 파는 가게'는 '피잣집'이라고 쓰지 않고 '피자집'이라고 쓰고, 분홍색을 뜻하는 '핑크(pink) 색깔'도 '핑큿빛'이라고 쓰지 않고 '핑크빛'이라고 쓴다는 것도 같이 알아 두면 좋겠어요.

　　언제 '사이시옷'을 쓰고 또 언제 '사이시옷'을 안 쓰는지를 잘 기억해 두세요.

아나운서와 함께 배우는
우리말 우리글

알기 쉬운 사이시옷 규정

❶ 순우리말이 들어간 합성어에는 사이시옷을 적음.

바닷가(O) 장밋빛(O)   바다가(×) 장미빛(×)

※뒤에 붙는 말의 <u>첫소리가</u> 'ㄲ, ㄸ, ㅃ, ㅆ, ㅉ' 같은 된소리로 발음될 때

❷ 된소리나 거센소리 앞에서는 사이시옷을 적지 않음.

갈비뼈(O) 위층(O)   갈빗뼈(×) 윗층(×)

※뒤에 붙는 말의 <u>첫 글자</u>에 'ㅍ, ㅌ, ㅋ, ㅊ'나 'ㄲ, ㄸ, ㅃ, ㅆ, ㅉ'가 나올 때

❸ 한자어 결합에는 사이시옷을 적지 않음.

대가(代價), 개수(個數)   댓가(×), 갯수(×)

❹ 한자어 결합에 사이시옷을 적는 예외가 있음.

곳간(庫間), 셋방(貰房), 숫자(數字), 찻간(車間),
툇간(退間), 횟수(回數)

❺ 외래어와 순우리말의 결합에는 사이시옷을 적지 않음.

피자집(O) 핑크빛(O)   피잣집(×) 핑큿빛(×)

한글봇을 아세요?

　한글봇은 외국인들에게 한글을 쉽고 빠르게 전달해 주기 위해 고안된 일종의 로봇이에요.

　우리가 떠올리는 것처럼 사람을 닮은 손과 발, 얼굴이 있는 로봇이 아니라 블록과 비슷하게 생겼어요. 모양이 아주 단순해서, 실제로 보면 '애걔, 이게 로봇이야?'라고 생각하게 된답니다. 하지만 한글 한 자를 만들면 그 글자를 소리로 표현할 줄 알아요.

　예를 들어 한글봇의 'ㄱ'과 'ㅡ', 'ㆍ' 블록으로 '고' 자를 만들면 스피커에서 '고'라는 소리가 난대요. 그뿐만이 아니에요.　여기서 'ㅗ'로 조립된 블록을 180도로 회전시키면 '구'가 되는데, 이때는 '구'라는 소리가 나온답니다. 블록 안에 내장된 광센서가 각각의 블록에서 나오는 빛을 포착해 어떤 글자인지 인식한 다음 블록의 스피커에서 해당 글자에 맞는 소리를 내는 원리랍니다.

　정말 신기하죠? 생긴 것은 단순하지만 이와 같이 자음과 모음의 소리를 구별할 수 있어 로봇으로 불리나 봐요.

　한글봇을 본 외국인들은 단 3분이면 한글의 원리를 파악할 수 있었다고 합니다. 세종대왕이 한글을 얼마나 단순하고 쉽게, 그러면서도 과학적으로 만들었는지, 우리나라 사람들뿐만 아니라 세계인들도 3분이면 알겠죠?

　한글봇은 2011년 네덜란드에서 열린 '국제 소셜로봇 콘퍼런스'에서 최고 인기상인 '현장 투표상(Delegate's Choice)'을 수상했대요!

　한글을 아직 모르는 어린이들이 한글봇을 갖고 놀다 보면, 저절로 한글을 배울 수 있고, 좌뇌와 우뇌를 많이 사용해 창의성이 높아질 수도 있답니다.

　어린이들뿐만 아니라 외국인들도 한글봇을 통해 한글을 쉽고 빠르게 배울 수 있었으면 좋겠네요.

2장

아나운서처럼 말해 볼까요?

옆으로 걸어가는 것은 '게', 멍멍이는 '개'

'ㅣ, ㅔ, ㅐ' 같은 모음을 말할 때는 입 모양만 제대로 하고 발음해도 정확하게 발음할 수 있어요. 여러분도 같이 '이, 에, 애, 아'를 순서대로 발음해 보세요. 자, 하나씩 발음할 때마다 두 입술이 어떻게 움직이는 것 같아요? 다시 한 번 발음해 볼까요? '이, 에, 애, 아'.

아마 두 입술이 점점 벌어지는 것을 느낄 수 있을 거예요. 이 중에서 우리가 잘 구별해서 발음하지 못하는 것은 '에'와 '애'인데, 이 두 소리를 정확하게 발음하지 않으면 다른 단어로 혼동할 수가 있어요. 예를 들어 강이나 바다에서 사는, 옆으로 걸어가는 '게'를 정확하게 발음하지 못하면 '개'로 알아들을 수 있는 거죠. 또 '내 것'과 '네 것'을 정확하게 발음하지 않으면 누구 것인지 알 수가 없어요.

그리고 '오'와 '우'를 발음할 때는 입술을 동그랗게 오므리고 앞으로 쑥 내밀면서 발음해요. 같이 발음해 볼까요? '오리', '우산'.

모음을 발음할 때 자신의 입 모양이 바르게 만들어지는지 알고 싶으면 거울을 보면서 발음하면 된답니다.

바른 입 모양, 따라 해 보세요

이 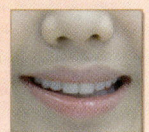 아래턱을 위턱에 닿을 정도로 올리고 혀끝을 아랫니에 댄다.
이끼, **이**마, **이**발소

에 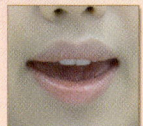 아래턱을 '이'보다 약간 내리고 혀끝도 '이'보다 조금 내린다.
에다, **에**어, **에**누리

애 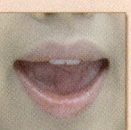 아래턱을 '에'보다 조금 더 내리고 혀끝도 '에'보다 더 내린다.
애국, **애**교, **애**벌레

어 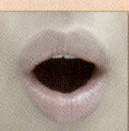 아래턱을 '애' 높이에 두고 혀는 안쪽으로 잡아당긴다.
어서, **어**깨, **어**린이

아 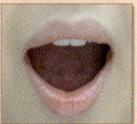 아래턱을 최대한 아래로 내리고 혀는 편안하게 아래에 둔다.
아기, **아**들, **아**버지

오 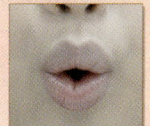 아래턱을 '에' 높이에 두고 입술은 내밀면서 동그랗게 한다.
오늘, **오**리, **오**로지

우 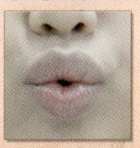 아래턱을 '이'처럼 올리고 입술은 둥글게 오므려 앞으로 내민다.
우산, **우**리, **우**수리

의자[의자]에 앉으세요

　모음 'ㅢ'가 여러 가지 발음으로 나올 수 있다는 것을 알고 있지요? '의사, 의자'처럼 '의'자가 제일 앞에 올 때는 꼭 이중모음 [의]로 발음해서 [의사, 의자]라고 발음해야 해요. 이것을 [으사, 으자]라고 한다든지 [이사, 이자]라고 하면 다른 뜻으로 오해할 수도 있고 또 무슨 뜻인지 이해하기가 어려워질 수도 있어요.

　'의'자가 단어의 제일 앞에 오지 않을 때는 [의]와 [이]로 모두 발음할 수 있어요. 그래서 '주의'는 [주의]라고 해도 되고 [주이]라고 해도 돼요. 또 '거의'도 [거의]와 [거이] 모두 맞는 발음이지요.

　그런데 'ㄴ, ㄸ, ㅎ' 같은 자음을 첫소리로 가지는 'ㅢ'는 앞에 오든지 뒤에 오든지 반드시 [이]로 발음해야 해요. 그래서 '희망'은 [희망]이 아니라 [히망]이고, '무늬'는 [무니]로, '띄어쓰기'는 [띠어쓰기]로 발음하는 것이 맞아요.

　또한 조사 '의'는 [의]나 [에]로 모두 발음할 수 있어서 '우리의 소원'은 [우리의 소원]이나 [우리에 소원] 중에서 어느 쪽으로 발음해도 다 좋아요. 그럼 동요 '고향의 봄'은 어떻게 발음할까요? 네, [고향의 봄]도 좋고 [고향에 봄]도 좋아요.

　조금 복잡한가요? 하나씩 잘 생각해 보면 그렇게 어렵지 않을 거예요.

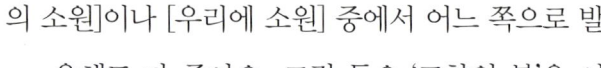

아나운서와 함께 배우는
우리말 우리글

모음 'ㅢ'의 다양한 발음

[의]

첫 음절의 '의'는 이중모음 [의]로 발음함.

- -

의사 [의사](O) / 의자 [의자](O)
　　　[으사](×)　　　　　　[으자](×)
　　　[이사](×)　　　　　　[이자](×)

[이]

둘째 음절 이하의 '의'는 [이]로도 발음할 수 있음.

- -

주의 [주의](O) / 대의 [대의](O)
　　　[주이](O)　　　　　　[대이](O)

자음을 첫소리로 가지는 'ㅢ'는 [이]로 발음해야 함.

- -

희망 [히망](O) / 띄어쓰기 [띠어쓰기](O)
　　　[희망](×)　　　　　　　　[띄어쓰기](×)

[에]

조사 '의'는 [에]로도 발음할 수 있음.

- -

우리의 [우리의](O) / 민주주의의 [민주주의의](O)
　　　　[우리에](O)　　　　　　　　[민주주이에](O)

우리 강아지는 뼈다귀를 좋아해요

옛날이야기를 보여 주는 드라마에서 먼 길을 떠나는 사람들이 보자기 같은 것에 짐을 싸서 어깨에 메고 가는 것을 본 적이 있을 거예요. 이런 짐을 '개나리봇짐'이라고 부르는 사람들이 많아요. 개나리봇짐? 봄에 피는 꽃 '개나리'와 무슨 관계가 있을까? 이렇게 생각하기 쉬운데, 이건 '개나리봇짐'이 아니라 '괴나리봇짐'이 맞는 말이랍니다. 'ㅚ'라는 발음을 편하게 하려고 'ㅐ'처럼 대충 발음하다 보면 단어를 잘못 알게 되니까 조심해야죠.

음식 이름 중에도 이렇게 잘못 발음하는 것이 많이 있어요. 여러분은 혹시 '아구찜'이라고 부르는 음식을 먹어 본 적이 있나요? 이건 바닷물고기 중에서 못생긴 것의 대표라고 해도 좋을 만큼 이상하게 생긴 생선으로 만든 것이지요. 그런데 이 물고기의 이름은 '아구'가 아니라 '아귀'예요. 그러니까 '아구찜'이 아니라 '아귀찜'이라고 해야 맞아요.

또 강아지나 개들은 '뼈'를 아주 좋아하는데요, 요즘은 '뼈' 모양으로 만든 강아지용 장난감도 많이 나왔어요. '뼈'를 '뼈다구'

라고 하는 사람들도 있지만 '뼈다귀'가 표준어예요. 그러니까 '뼈다귀 모양의 장난감'이라고 해야 맞습니다.

'ㅚ'와 'ㅟ'를 발음하는 게 조금 까다로워 보이지만, 정확하게 발음하는 습관을 들여 보세요.

모음 '괴, ㅟ'를 바르게 발음합시다

세다(×) | 쇠다(○)

예 이번 설을 쇠면 열 살이 된다.

개나리봇짐(×) | 괴나리봇짐(○)
보자기에 싸서 어깨에 메는 짐

예 괴나리봇짐을 짊어지고 먼 길을 떠났다.

새털 같은 날(×) | 쇠털 같은 날(○)
쇠털은 '소의 털'

예 쇠털같이 많은 날 중에 왜 하필 오늘이야?

아구(×) | 아귀(○)

예 아귀찜은 아귀에 갖은 양념과 채소를 넣어 찐 요리이다.

손아구(×) | 손아귀(○)

예 그 땅을 드디어 손아귀에 넣을 수 있었다.

뼈다구(×) | 뼈다귀(○)

예 개는 뼈다귀를 무척 좋아한다.

생각만 해도 온몸이 으스스 떨려요

비에 옷이 젖어서 추운 느낌이 들거나 무서운 영화를 본 후 잠자리에 누웠는데 왠지 무서운 생각이 들었던 적이 있을 거예요. 이렇게 찬 것이 몸에 닿거나 무서운 느낌이 들 때 많은 사람들이 '으시시하다'고 말하는데, 이것은 '으스스하다'가 맞는 표현이에요.

또 마른 나뭇잎이나 종이 같은 것을 밟거나 건드리면 '부시럭 소리'가 아니라 '부스럭 소리'가 난다고 해야 맞아요.

학교 수업을 마치고 친구 집에 잠깐 갔다가 집에 갈 때가 있지요? 이럴 때 보통 '친구 집에 들린다.'라고 말하나요? 그런데 이때는 '들리다'가 아니라 '들르다'가 맞는 말이에요.

'들리다'는 '음악 소리가 들린다.'고 할 때 쓰는 말이니까 '들르다'와는 전혀 뜻이 다르지요. 또 과거형으로 표현할 때도 '친구 집에 들렸다.'가 아니라 '친구 집에 들렀다.'가 맞아요.

또 흔히 '문을 잠구다.'로 알고 있는 사람들도 많은 것 같아요. 하지만 이것은 '문을 잠그다.'가 맞는 말이고, 문장으로 말할 때도 '문을 잠궈요.'가 아니라 '문을 잠가요.'라고 하는 것이 맞지요.

이렇게 모음 '으'를 써야 할 곳에 '이'나 '우'를 써서 잘못 발음하다 보면 맞춤법도 틀릴 때가 많으니까 특별히 조심해야 해요.

모음 '으'의 발음과 표기를 정확하게

으스스	으시시 한기를 느끼다.(×) ➡ 으스스 한기를 느끼다.
부스럭	부시럭 소리가 나다.(×) ➡ 부스럭 소리가 나다.
들르다	친구 집에 들리다.(×) ➡ 친구 집에 들르다.
잠그다	문을 확실히 잠구다.(×) ➡ 문을 확실히 잠그다.
담그다	김치를 맛있게 담구다.(×) ➡ 김치를 맛있게 담그다.
치르다	대회를 성공적으로 치루다.(×) ➡ 대회를 성공적으로 치르다.
추스르다	사태를 잘 추스리다.(×) ➡ 사태를 잘 추스르다.

우리나라에는 사계절[사:계절]이 있어요

우리말에는 길게 발음해야 하는 단어도 있고, 반대로 짧게 발음해야 하는 것도 있어요. 숫자도 마찬가지예요.

숫자는 '일, 이, 삼, 사'처럼 한자에서 온 것도 있고, '하나, 둘, 셋, 넷'처럼 우리말로 된 것도 있어요. 먼저 한자에서 온 숫자 중에 '이, 사, 오'는 길게 발음해야 해요.

그래서 '이 주일, 사계절, 오선지'는 '이, 사, 오'를 모두 [이:주일, 사:계절, 오:선지]라고 길게 발음해야 정확하게 뜻을 전달할 수 있어요. 여러분도 '이, 사, 오'를 길게 발음해서 앞의 단어들을 한번 읽어 보세요. 그런데 '일, 삼, 육' 같은 숫자는 반대로 짧게 발음해야 해요. '일주일'은 [일쭈일] 이라고 짧게 발음한답니다.

우리말 숫자 중에서 '둘/두, 셋/세, 넷/네'는 길게 발음해요. 그래서 '둘째, 세발자전거, 네 시간'은 [둘:째, 세:발자전거, 네:시간]과 같이 길게 발음하죠.

그 밖에도 '50'의 우리말인 '쉰'과 '10000'을 의미하는 '만'도 모두 길게 발음해서 '쉰 살[쉰:살]', '만능[만:능]'으로 발음합니다.

아나운서들의 발음을 잘 듣고 여러분도 따라 연습해 보면 정확하게 알 수 있어요.

아나운서와 함께 배우는
우리말 우리글

길게 발음해야 하는 수

2	이:년생	이:주일	이:등병	이:중국적
4	사:각형	사:계절	사:군자	사:륜구동
5	오:곡밥	오:대양	오:선지	오:장육부
둘/두	둘:째	두:명	두:벌	두:말없이
셋/세	셋:째	세:끼	세:제곱	세:발자전거
넷/네	넷:째	네:모	네:시간	네:발짐승
쉰	쉰:살	쉰:마리	쉰:둥이	쉰:그루
만	만:능	만:년필	만:국기	만:수무강

'ㅂ, ㄷ, ㄱ'을 정확하게 발음해요

모음을 발음할 때는 입 모양만 봐도 정확하게 하는지 알 수 있지만, 'ㄱ, ㄷ, ㄹ'과 같은 자음은 혀가 입 안에서 어디에 있느냐에 따라서 발음이 다르게 나오기 때문에 확인하기 어려워요. 그래서 자음을 발음할 때는 입이나 혀의 움직임을 잘 생각하면서 발음해야 정확하게 소리를 낼 수 있어요.

자음에서 제일 쉬운 발음은 'ㅂ, ㅍ, ㅃ'이에요. 모두 두 입술을 완전히 붙였다가 떼면서 발음하죠. 그럼 'ㄷ, ㅌ, ㄸ'의 발음을 할 때는 혀가 어디에 닿는지 여러분이 직접 '다'라고 발음하면서 시작 부분을 잘 느껴 보세요. 자, 혀끝을 어디에 대고 발음했나요? 아마 혀끝이 윗니 뒤의 잇몸에 닿았을 거예요.

'ㄱ, ㅋ, ㄲ'을 발음할 때는 혀의 뒤쪽이 입천장의 안쪽으로 올라가는데, '고궁'이라고 발음하면서 혀의 움직임을 느껴 보세요. '고궁'이라고 발음할 때 처음부터 끝까지 계속해서 혀가 뒤쪽에서 움직이는 것을 알 수 있을 거예요.

그런데 'ㅅ'은 'ㄷ'이나 'ㄱ'처럼 혀가 어딘가에 닿게 되면 소리가 나오지 않아요. 여러분이 '시'라고 발음해 보면 알 수 있겠지만 'ㅅ'은 공기가 아주 좁은 틈을 빠져나갈 때 나는 소리이기 때문이지요. 아주 천천히 '시'라고 발음해 보면 더 확실하게 알 수 있을 거예요.

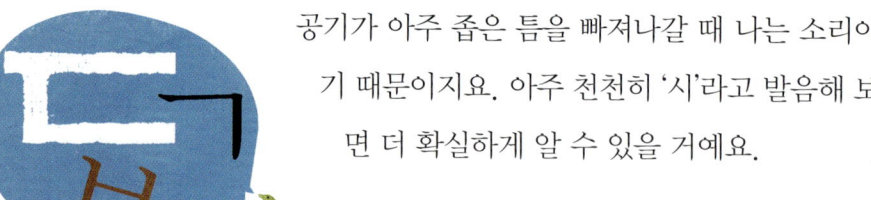

올바른 자음의 발음

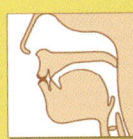

ㅂ, ㅍ

입을 닫았다가 두 입술을 떼어 공기를 뿜어내며 발음함.
뱀, 베다, 파도

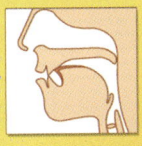

ㄷ, ㅌ

혀끝을 윗잇몸에 대고 공기를 뿜어내며 발음함.
마디, 다리, 테두리

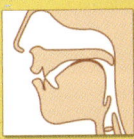

ㄱ, ㅋ

혀의 뒤쪽을 입천장 안쪽에 대고 공기를 뿜어내며 발음함.
게, 강철, 수캐

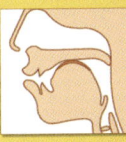

ㅈ, ㅊ

혀를 입천장에 가깝게 해 좁은 틈으로 공기를 뿜어내며 발음함.
조사, 초, 취하다

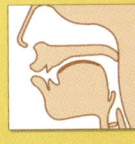

ㅅ, ㅆ

윗잇몸과 혀 사이의 좁은 틈으로 공기를 통과시켜 발음함.
신, 물씬, 오셔서

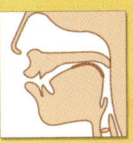

ㅎ

폐로부터 나오는 공기를 목구멍에 마찰시켜 발음함.
호두, 회담, 훌륭한

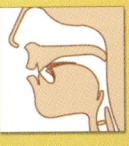

ㄹ

혀끝으로 윗잇몸을 살짝 튀겨서 발음함.
나라, 우리, 라디오

감기[감:기]에 걸렸어요

여름 장마철이나 추운 겨울에는 일기예보를 좀 더 자주 보게 돼요. 날씨에 맞춰서 우산을 챙기거나 옷을 두껍게 입어야 하니까 말이에요. 그런데 일기예보를 듣다 보면 가끔 '내일은 전국[정국]적으로 흐릴 것으로 예상됩니다.' 이렇게 말하는 것을 들을 수 있어요. '전국'을 [정국]이라고 하는 것은 발음을 편하게 하기 위해서 그러는 것이지만 정확한 발음은 아니에요.

발음할 때의 입 모양을 보면 무슨 차이가 있는지 알 수 있을 거예요. '전'을 발음할 때 두 입술이 조금 벌어진 상태에서 이가 살짝 보이면 맞는 발음이고, 두 입술이 위아래로 많이 벌어지면 발음을 잘못 하는 거예요. '전국'과 마찬가지로 우리나라를 '한국[항국]'이라고 발음하는 것도 잘못된 거예요. '한국'은 [한:국]이라고 'ㄴ' 받침을 정확하게 발음하고 '한'을 길게 해야 해요. 여러분도 정확한 발음으로 한번 읽어 봐요. [한:국].

한 가지를 더 살펴볼까요? '감기'를 발음할 때 자기의 입 모양이 어떤지 거울을 보고 확인해 보세요. '감기'의 '감'자에 있는 'ㅁ' 받침을 정확하게 하면 두 입술이 완전히 붙은 상태에서 발음하게 되는데, 이것을 [강]으로 발음하면 두 입술이 벌어지게 되지요. 하지만 그건 잘못된 발음이니까 앞으로는 정확하게 발음하도록 노력해 봐요.

아나운서처럼 발음해 봐요

곶감   [곧깜](○)    [곡깜](×)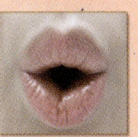

전국   [전국](○) 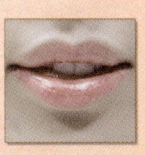   [정국](×)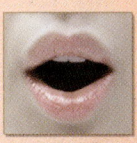

잇몸   [인몸](○) 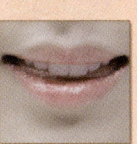   [임몸](×)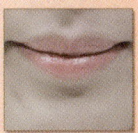

감기   [감ː기](○) 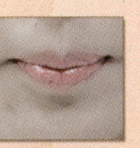   [강기](×)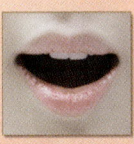

반갑다 [반갑따](○) 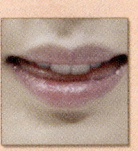   [방갑따](×)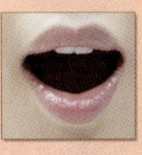

십 리도 못 가서 발병[발뼝] 난다

‘아리랑’이라는 민요를 알죠? 이 민요 가사 마지막 부분에 ‘십 리도 못 가서 발병 난다.’라는 가사가 있는데, 이 ‘발병’은 ‘발에 생긴 병’을 말하는 거예요. 여러분은 이것을 [발병]이라고 발음하나요? 아니면 [발뼝]이라고 발음하나요?

우리 몸에 생긴 병 이름을 말할 때는 모두 [뼝]이라고 된소리로 발음하게 돼 있어요. 심장에 생긴 병은 ‘심장병[심장뼝]’이라고 발음해요. 여기서 된소리는 [ㄲ, ㄸ, ㅃ, ㅆ, ㅉ] 같은 소리를 말합니다.

또 눈에 안 보여도 소리가 나면 누군가가 있다는 것을 알 수 있는데, 이렇게 사람이 있다는 것을 알 수 있게 하는 소리나 표시를 ‘인기척’이라고 해요. 이것은 [인기척]이 아니라 역시 [인끼척]이라고 발음하는 것이 맞아요.

이와는 반대로 ‘교과서’를 [교꽈서]라고 발음하는 사람들이 많은데, [교:과서]라고 발음하는 것이 맞아요. 그리고 복잡하지 않은 것을 ‘간단하다’고 하는데, 이것도 [간딴하다]가 아니라 [간단하다]가 맞는 발음이랍니다.

우리말에는 된소리로 발음해야 하는 것도 있고, 된소리로 발음하면 틀리는 것도 있으니까 어떻게 발음하는 것이 맞는지 관심을 갖고 공부해 보세요.

66

된소리 발음

올바른 된소리 발음		불필요한 된소리 발음	
합성어 중 관형격 기능의 사이시옷이 생략된 경우		한자어의 경우 된소리 발음이 제한되어 있음.	
발–병 (발에 생긴 병)	[발뼝](O) [발병](×)	불법 (不法)	[불법](O) [불뻡](×)
인–기척	[인끼척](O) [인기척](×)	교과서 (教科書)	[교:과서](O) [교:꽈서](×)
안–간힘	[안깐힘](O) [안간힘](×)	간단하다 (簡單)	[간단하다](O) [간딴하다](×)
강가	[강까](O) [강가](×)	창고 (倉庫)	[창고](O) [창꼬](×)

살진
고등어 한 마리 주세요

엄마와 같이 시장에 가서 고등어를 골라 본 적 있나요? 엄마는 살이 통통한 것을 고르셨을 텐데 살이 많아야 먹을 게 많기 때문이겠지요. 이렇게 몸에 살이 많은 것을 '살지다'라고 해서 보통 '살이 많은 생선'을 '살진 생선'이라고 표현해요. '살찌다'라는 말은 들어 봤지만 '살지다'는 못 들어 봤다고요?

'살찌다'는 '살찌면 건강에 안 좋아요.'처럼 몸에 살이 많아진다는 뜻의 동사예요. 반면에 '살지다'는 이미 살이 쪄 있는 상태를 말하는 형용사예요. '살지다'는 사람한테는 잘 쓰지 않고 우리가 먹는 고기나 생선을 표현할 때 주로 사용하고, 발음은 글자 그대로 [살지다]로 하면 돼요.

'좇다'와 '쫓다'도 모양이 비슷해서 잘못 쓰기 쉬운 단어들이에요. 예를 들어서 어떤 사람이 "도둑이야!" 하고 소리치면 주위에 있던 사람들이 도둑을 잡기 위해서 급히 뒤를 따라가는데, 이때는 '쫓다'를 써서 '도둑을 쫓다.'라고 해요. 그렇지만 '좇다'는 남의 말이나 뜻을 따른다는 뜻이기 때문에 '부모님의 말씀을 좇다.'와 같이 쓸 수 있고, 이 말은 부모님이 하시는 말씀대로 따라간다는 뜻이지요.

이렇게 글자의 모양도 비슷하고 뜻도 비슷해서 잘못 쓰기 쉬운 표현들은 틀리지 않도록 조심해야겠어요.

아나운서와 함께 배우는 우리말 우리글

예사소리와 된소리 표기를 구별합시다

좇다

목표나 이상, 행복 따위를 추구하다.

예 국민의 뜻을 좇다.

쫓다

어떤 대상을 잡기 위해 뒤를 따라 급히 가다.

예 경찰이 도둑을 쫓다.

살지다(형용사)

몸에 살이 많다.

예 살진 생선

살찌다(동사)

몸에 살이 점점 많아지다.

예 말이 살찌는 계절

당기다

마음이 끌린다거나 입맛이 돋우어지다.

예 식욕이 당기다.

땅기다

피부가 조이는 것처럼 단단하고 팽팽하게 되다.

예 얼굴이 땅기다.

달리다

힘이나 기술, 재물 같은 것이 모자라다.

예 기운이 달리다.

딸리다

어떤 것에 매이거나 붙어 있다.

예 정원이 딸려 있다.

이따가 만나자

주스를 시원하게 해서 마시고 싶을 때 넣는 것은 '얼음'일까요? 아니면 '어름'일까요?

둘 다 똑같이 발음이 [어름]으로 나지만 주스에 넣어 마실 수 있는 것은 '얼음'이에요. 이렇게 우리말에는 발음은 같지만 글자의 모양이 달라서 혼동하기 쉬운 말들이 아주 많아요.

약속을 꼭 지키라고 할 때는 '반듯이'와 '반드시' 중에서 어느 것을 써야 할까요?

네, '반드시'를 써야 해요. '반드시'는 '틀림없이 꼭'이라는 뜻으로 '약속을 반드시 지켜라.'라고 써요. 반면에 '반드시'와 발음이 똑같은 '반듯이'라는 말은 '생각이나 행동 같은 것이 비뚤어지거나 기울지 않고 바르다'는 뜻인 '반듯하다'에서 온 말로, '모자를 반듯하게 써요.' 또는 '반듯하게 누워요.'처럼 '반듯하게'라고 쓰거나 '고개를 반듯이 들어라.'와 같이 '반듯이'라고 쓸 수도 있답니다.

이와 비슷한 것으로 '지긋이'와 '지그시' 같은 말도 있어요. 둘 다 [지그시]로 발음

하지만 글자의 모양은 다르지요. 먼저 '지긋이'는 '지긋하다'라는 형용사에서 나온 말인데, 이것은 '나이가 비교적 많아서 듬직하다'는 뜻으로, '연세가 지긋한 어르신들'처럼 쓸 수 있어요. 그리고 발음대로 적는 '지그시'는 슬며시 힘을 주는 모양을 뜻하고, '낙엽을 지그시 밟다.', '눈을 지그시 감다.' 또는 '입술을 지그시 깨물다.'와 같이 씁니다.

그리고 여자들은 목이나 귀 같은 곳에 예쁜 장신구를 걸기도 하지요. 목에 거는 장신구를 '목걸이'라고 하는데, 이것은 '목에 장신구를 걸다.'로 생각하면 쉽게 이해할 수 있을 거예요. 그런데 '목걸이'와 똑같이 [목꺼리]로 발음하는 것 중에 '목거리'가 있답니다. 이것은 '목걸이'와는 전혀 다르게 '목이 붓고 아픈 병'을 말하는 거예요.

또 '있다가'와 '이따가'도 많이 혼동하는 단어예요. 시간이 조금 지난 뒤에 전화하겠다고 할 때는 '이따가 전화할게.'라고 하고, 1시간 지난 다음에 전화하겠다고 할 때는 '1시간 있다가 전화할게.'라고 해요. '이따가'는 보통 '아까'의 반대로, 구체적이지 않은 시간 개념으로 쓸 수 있지요. 그리고 '있다가'는 그 말 앞에 '5분, 3시간, 하루'와 같이 시간과 관계있는 말을 쓸 때가 많아서 '5분 있다가 출발할게.' 또는 '시골에 가서 하루 있다가 왔어요.'처럼 쓰면 됩니다. 또 '집에서 기다리고 있다가 갈게.'와 같이 '있다가' 앞에는 장소를 뜻하는 말도 올 수 있지요. 하지만 '이따가' 앞에는 특정한 시간이나 장소를 붙이지 않습니다.

　마지막으로 '그럼으로(써)'와 '그러므로'에 대해서 알아볼까요? '그러므로'는 '그렇기 때문에'라는 뜻을 가진 말이에요. 예를 들어서 '그는 부지런하다. 그러므로 잘산다.'와 같이 쓸 수 있는데, 이것은 그 사람이 부지런하기 때문에 잘산다는 뜻이지요. 그래서 '그러므로'는 '이유'와 '인과관계'를 나타내는 표현이에요. 한편 '그럼으로(써)'는 '이유'가 아니라 '방법'이나 '수단'과 관계 있는 말이에요. 이것은 '그럼으로'라고 해도 되고 '그럼으로써'라고 해도 되는데, 그 뜻은 '그렇게 하는 것으로(써)'입니다. 예를 들어 볼까요?

　'그는 열심히 일한다. 그럼으로(써) 보람을 느낀다.'

　이 문장의 뜻은 그는 열심히 일하는 것을 통해서 보람을 느낀다는 뜻이지요.

　자, 이제 정리하는 뜻에서 문제를 내 보겠어요. 다음 문장에서 알맞은 표현이 어느 것인지 여러분이 직접 찾아보세요.

❶ 기온이 올라가서 강에 있는 (얼음, 어름)이 다 녹았어요.
❷ 지금은 시간이 없으니까 (있다가, 이따가) 다시 전화할게.
❸ 인간은 말을 한다. (그럼으로, 그러므로) 동물과 구별된다.
❹ 흰머리가 많아서 그런지 나이가 (지긋이, 지그시) 들어 보입니다.

정답은 ❶ 얼음 ❷ 이따가 ❸ 그러므로 ❹ 지긋이 입니다.

72

아나운서와 함께 배우는
우리말 우리글

발음이 같아 혼동하기 쉬운 말

지긋이	지그시
나이가 비교적 많아 듬직하게	슬며시 힘을 주는 모양
예 나이가 지긋이 들어 보인다.	**예** 눈을 지그시 감았다.

반듯이	반드시
기울거나 굽지 아니하고 바르게	틀림없이 꼭
예 고개를 반듯이 들어라.	**예** 약속은 반드시 지켜라.

얼음	어름
물이 얼어서 굳어진 물질	구역과 구역의 경계점
예 얼음이 얼었다.	**예** 지리산은 전라, 충청, 경상도 어름에 있다.

목걸이	목거리
목에 거는 장신구	목이 붓고 아픈 병
예 늘 목걸이를 걸고 다닌다.	**예** 목거리가 잘 낫지 않는다.

있다가	이따가
있(다)+다가	조금 지난 뒤에
예 며칠 더 있다가 갈게.	**예** 이따가 다시 만나자.

오늘아이가아프다

휴대 전화 문자 메시지에 '오늘아이가아프다.'라고 문자가 왔네요. 무슨 뜻인지 정확하게 알 수 있을까요? 아마 사람들마다 생각하는 내용이 다를 거예요.

뜻을 잘 이해하려면 띄어쓰기도 중요하고 읽을 때 제대로 끊어 읽는 것도 아주 중요하답니다. '오늘아이가아프다.'라는 말을 어디에서 끊어 읽느냐에 따라서 '아이'가 아픈 것일 수도 있고 '이'가 아픈 것일 수도 있거든요. 그리고 '오늘' 아픈 것일 수도 있고, '늘' 아픈 것일 수도 있으니까 이 문장의 뜻은 모두 세 가지 정도로 나올 수 있어요. 그럼 여러분이 말하고 싶은 내용에 맞춰서 한번 끊어 읽기를 해 보세요.

또 띄어쓰기 설명에서 자주 등장하던 '아버지가방에들어가신다.'라는 문장은 어디를 끊어서 읽어야 할까요?

'아버지가 ∨ 방에 ∨ 들어가신다.'로 끊어 읽는 것이 일반적인데요, 이것을 '아버지 ∨ 가방에 ∨ 들어가신다.'로 끊어서 읽으면 아버지가 가방에 들어가신다는 뜻이 되니까 아주 이상하게 들릴 수 있어요.

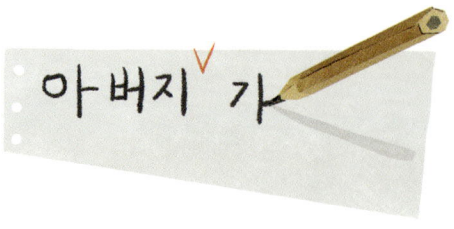

같은 문장이라도 정확하게 끊어서 읽는 것이 얼마나 중요한지 여러분도 분명하게 알 수 있겠지요?

끊어 읽기에 따라 다른 뜻이 되는 문장

오늘 ∨ 아이가 ∨ 아프다.

오늘 아픈 것은 아이임.

오늘 ∨ 아! ∨ 이가 ∨ 아프다.

오늘 아픈 것은 이임.

오! ∨ 늘 ∨ 아이가 ∨ 아프다.

아이가 늘 아픈 것이 유감임.

※끊어 읽기의 위치에 따라 문장의 내용이 달라질 수 있으므로 의미에 맞게 끊어 읽기를 해야 합니다.
끊어 읽기를 잘하면 듣는 사람이 내용을 더 확실하게 이해할 수 있어요.

말꼬리를 잡으면 안 돼요

    누구나 자신이 예의 바른 사람으로 인정받고 싶어 해요. 예의 바른 사람이 되려면 행동도 예의 바르게 해야 하지만 하는 말도 아주 신중히 해야 한답니다. 말하는 것만 봐도 그 사람이 어떤 사람인지 금방 알 수 있기 때문이죠.

    말을 하는 태도도 아주 중요합니다. 다른 사람과 이야기할 때 '말을 더듬거나 말을 빙빙 돌리면' 자신이 없는 사람으로 생각되기 쉬우니까 대화를 할 때는 하고 싶은 얘기의 핵심을 자신 있게 또박또박 말해야 해요.

    여러분은 혹시 '말꼬리를 잡아요.'가 무슨 뜻인지 알고 있나요? 그건 다른 사람이 하는 말 중에서 잘못 표현한 부분을 약점으로 삼고 공격하는 것을 의미해요.

    그럼 이번에는 '말허리'에 대해서 알아볼까요? '말꼬리'는 '말의 꼬리'니까 '말허리'는 '하고 있는 말의 중간'을 뜻하는 거겠죠? '말허리를 잘라요.'는 상대방이 말하는 도중에 말을 끊어 버리는 것을 뜻하는데, 이렇게 '말꼬리를 잡는 것'과 '말허리를 자르는 것'은 언어 예절에 맞지 않는다는 것, 여러분도 잘 알고 있겠지요? 하고 싶은 말이 있을 때는 상대방의 말을 다 들은 다음에 자기의 의견을 말하는 게 좋아요.

말

말이 싫어해요(언어 예절)

말꼬리를 잡아요.

남의 말의 핵심이 아닌 꼬투리를 잡아 약점을
공격하는 것은 삼가야 합니다.

말허리를 잘라요.

상대방의 말을 다 들은 후에 자신의 의견을
말해야 합니다.

말을 빙빙 돌려요.

자신의 의견을 이야기할 때는 핵심을 짚어서
말해야 합니다.

이 말 저 말 해요.

특별한 주제나 의미 없이 말하는 것은 삼가야
합니다.

아버지 함자는
홍 길자 동자입니다

　우리말에는 남을 높여서 말하는 '존대법'이 있는데, 이것을 잘못 쓰면 이상한 말이 될 수 있어요. 요즘 존칭이나 존대법을 잘못 알고 사용하는 사람들이 상당히 많아요. 특히 존대 표현을 아무 곳에나 쓰는 경우가 문제가 됩니다.

　백화점에 가서 옷을 살 때 자기가 원하는 사이즈가 있는지 물어봤는데 점원이 '이 사이즈는 지금 없으세요.'라고 대답하는 것을 들어 봤나요? 이것은 존대법을 제대로 사용하지 못한 경우예요.

　'이 사이즈는 지금 없으세요.'라는 말은 물건에 존대 표현을 붙인 것이기 때문에 존대법에 맞지 않지요. 물건에는 존대 표현 '-시-'를 쓸 수 없어요. '이 사이즈는 지금 없어요.'라고 해야 맞습니다. 남을 대할 때 존경의 마음으로 존칭을 쓰더라도 주어가 사물일 때 높임의 선어말 어미 '-시-'를 사용하면 웃음거리가 될 수 있답니다.

　어른들이 아버지나 어머니의 성함을 물어보시면 여러분은 어떻게 대답하나요? 혹시 '홍길동이오.'라고 성함의 글자만 얘기하지 않나요? 어른의 성함을 말할 때, 예를 들어서 아버지 성함이 '홍길동'이라면, '아버지 함자는 홍 길자 동자입니다.'라고 말해야 하는 거예요. 함자는 '다른 사람의 이름자를 높여 부르는 말'인데, 여기서 주의할 것은 성에는 '자'를 붙이지 않고 이름에만 '자'를 붙인다는 거죠. '홍 길자 동자'와 같이 말이죠. 여러분도 아버지와 어머니의 성함을 이런 방법으로 한번 소개해 보세요.

어느 날 할아버지께서 여러분에게 아버지가 무얼 하고 있느냐고 전화로 물어보신다면 '아빠는 지금 화장실에 계세요.'라고 말할 건가요? 그렇다면 이것도 존대법에 맞지 않는 표현이에요. 아버지는 자식인 여러분한테는 어른이지만 아버지의 아버지인 할아버지한테는 아랫사람입니다. 윗사람에게 아랫사람 이야기를 할 때는 존대법을 쓰지 않습니다. 그러니까 '아빠는 지금 화장실에 있어요.'라고 할아버지께 말씀드려야 맞습니다.

이번에는 다른 사람들에게 자신을 소개할 때 어떻게 하는 것이 좋은지에 대해서 알아보기로 해요. 예를 들어서 KBS에서 일하고 있는 홍길동 부장이 자기를 소개할 때는 "안녕하십니까. 저는 KBS 부장 홍길동입니다."라고 합니다. 그런데 이것을 '저는 KBS 홍길동 부장입니다.'라고 말하면 잘못된 거예요. 왜냐하면 본인

저희 아버지 함자는 홍 길자 동자 입니다

을 소개할 때는 이름 뒤에 직함을 붙이지 않고 이름 앞에 붙여서 말하는 것이 맞기 때문이에요.

'제가 아시는 분'이라는 표현을 쓰는 사람들이 아주 많은데 이것도 존대법에 맞지 않는 거예요. 이 표현에서 '아시는'이라는 말은 누가 안다는 뜻일까요? 여기서는 지금 말하고 있는 사람 자신이 안다는 뜻이기 때문에 '아시는'이라고 하면 결국 자기를 높여서 말하는 결과가 되겠지요?

'-시-'는 존대를 나타내는 표현이니까 자기 자신에게는 쓸 수 없는 말이에요. 그래서 '제가 아시는 분'이 아니라 '제가 아는 분'이라고 하는 것이 맞는 거랍니다.

마지막으로 존대법에 맞게 사용해야 하는 단어가 따로 있다는 것을 알려 줄게요. '제가 몸소 만들었습니다.'라는 문장에서 '몸소'는 '직접 제 몸으로'라는 뜻이지만 존경을 나타내는 표현이기 때문에 말하는 사람 자신에게는 쓸 수 없는 말이랍니다. 그래서 이것은 '제가 직접 만들었습니다.'라고 표현해야 존대법에 맞는 말이 되는 거죠.

이렇게 존대법을 제대로 지켜서 말하지 못하면 물건에 존대의 표현을 쓰거나 자기 스스로를 높이는 말이 될 수도 있으니까 존대법을 정확하게 알고 말하는 연습을 많이 해 보세요.

언어에도 예절이 있습니다

이 사이즈는 지금 없으세요.

➡ 이 사이즈는 지금 없어요.

※물건에는 존대법 선어말 어미 '–시–'를 쓸 수 없음.

- -

제가 몸소 체험했습니다.

➡ 제가 직접 체험했습니다.

※'몸소'는 존경의 어휘이므로 본인에게는 쓸 수 없음.

- -

제가 아시는 분도 몇 번이나 그런 적이 있었대요.

➡ 제가 아는 분도 몇 번이나 그런 적이 있었대요.

※존대법 선어말 어미 '–시–'는 본인에게 쓸 수 없음.

- -

아버지 함자는 홍자 길자 동자입니다.

➡ 아버지 함자는 홍 길자 동자입니다.

※성(姓)에는 '자'를 붙이지 않고 이름에만 '자'를 붙임.

아나운서가 되는 법

    초등학교 때부터 아나운서가 되겠다는 친구들이 참 많지요. 그렇다면, KBS 아나운서들은 언제부터 아나운서가 되고자 하는 꿈을 가졌을까요? 아나운서 열 명 중 세 명 정도가 바로 여러분과 같은 어린 시절부터 꿈을 키워 왔다고 하네요.

    그런데 워낙 많은 사람들이 지상파 방송의 아나운서가 되려고 하다 보니 경쟁률이 상당히 높아요. KBS 여자 아나운서의 경우, 2012년에 300:1(한 명을 뽑는 데 300명이 온다는 얘기죠.)의 경쟁률을 기록했어요. 이 말을 들으니 벌써부터 의기소침해진다고요? 그럴 필요는 없어요. 아나운서가 되기까지 아직 많은 시간이 남아 있잖아요. 지금 이 순간부터 아나운서가 되기 위한 준비를 착실히 한다면 아나운서 되는 것, 어렵지 않아요!

    그럼 어떻게 하면 아나운서가 될 수 있을까요?

    아나운서는 언어를 정확하게 구사하는 사람이기 때문에 우리말 듣기와 말하기, 읽기, 쓰기 등을 잘해야 하죠. 그러기 위해서는 평소 학교 수업시간에 국어 공부를 열심히 해야 해요. 꾸준한 독서를 통해 우리말 독해력과 어휘 능력을 키워야 하고 특히 아나운서들이 바른 우리말 표현을 전하는 이런 책도 꼼꼼히 읽어 보며 일상생활에서 바른 우리말을 사용할 수 있도록 노력해야 합

니다.

　그래도 궁금한 게 있지요. 아나운서가 되려면 어느 정도의 외모를 갖추어야 하는지 말이에요. 시청자에게 신뢰감과 호감을 주는 사람, 표정은 자신감이 있고 밝으며 자신의 개성이 드러나는 사람이라면 아나운서가 될 만하답니다. 그러기 위해서 평소 찡그리지 않고 밝게 웃는 게 중요하고요. 그리고 가끔씩 거울을 보고 밝은 표정으로 말하는 연습을 한다면 아나운서 되는 길은 멀지 않아요. 늘 웃는 사람의 얼굴이 점점 예뻐진다는 사실을 직접 확인해 보세요.

　아나운서에게 적합한 목소리와 발음법이 궁금하다면 이 책의 부록으로 삽입된 동영상 자료를 보며 발음을 따라 해 보세요. 여기서 더 나아가 실제 아나운서들이 방송에서 뉴스를 진행하는 모습을 많이 보고 따라 해 본다면 아나운서가 되는 길에 성큼 들어선 거랍니다.

　아나운서가 되는 길이 멀고도 험난해 보이지만, 분명히 그 길은 여러분에게 열려 있답니다. 지금부터 그 길을 한 걸음씩 걸어가 보세요. 평소 바른 우리말을 사용하고 정확한 발음으로 조리 있게 말하는 연습을 해 보세요. 그리고 주위 친구들의 이야기에 귀 기울이며 소통하는 습관을 길러 보세요. 그럼 분명여러분 중에도 아나운서가 되는 친구들이 나올 거예요.

3장

표준어를
배워 볼까요?

안녕 하시까?
(경기도 방언)

안녕하세유?
(충청도 방언)

안녕하셨지라
(전라도 방언)

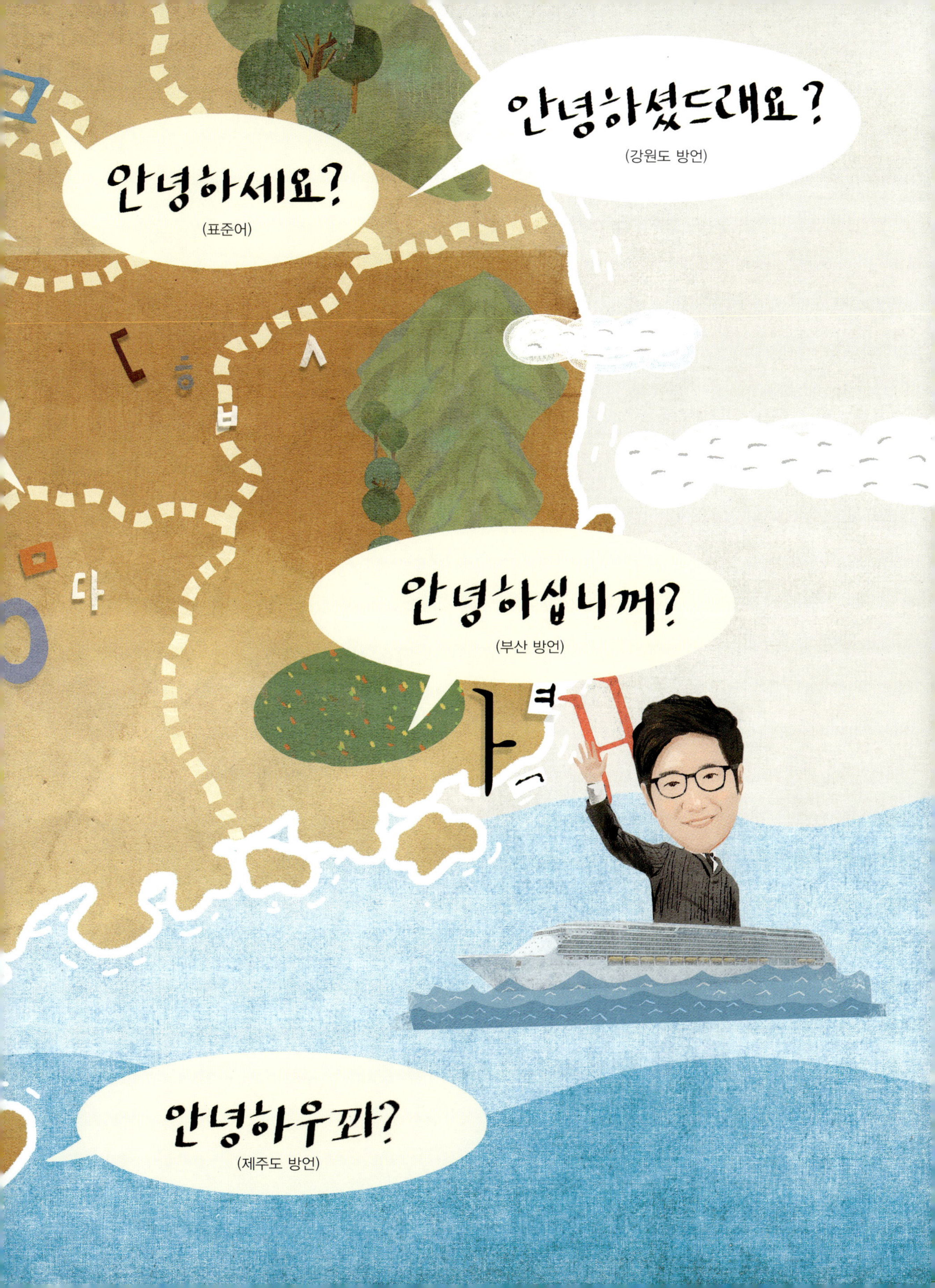
안녕하셨드래요?
(강원도 방언)
안녕하세요?
(표준어)
안녕하십니꺼?
(부산 방언)
안녕하우꽈?
(제주도 방언)

나는 갈치조림을 아주 좋아해요

　우리나라는 삼면이 동해, 서해, 남해로 둘러싸여 있기 때문에 우리가 먹을 수 있는 해산물의 종류도 아주 많아요. 그런데 해산물의 이름을 잘못 알고 쓰는 것도 많아요.

　생선 중에서 은빛을 띠고 모양이 칼처럼 길게 생긴 생선이 있는데, 이 생선의 이름은 '칼치'가 아니라 '갈치'가 맞는답니다.

　화가 나 눈을 옆으로 흘겨보면 '왜 가재미눈을 하고 보니?'라고 말하는데, 이건 '가자미눈'이 맞아요. 그럼 왜 이런 말이 나왔을까 궁금하죠?

　'가자미눈'은 '가자미'라는 생선의 '눈'이라는 뜻이에요. '가자미'는 몸이 납작하게 생겼고 두 눈이 오른쪽에 몰려서 붙어 있어요. 그래서 우리가 눈을 흘기고 볼 때 그 모양이 가자미의 눈 모양과 비슷하다고 해서 나온 말이랍니다. 중요한 것은 '가재미'가 아니라 '가자미'라는 거예요.

> 내 눈이 유명하다며?

　또 몸이 길고 가늘게 생긴 '장어' 종류 중에서 '꼼장어'라고 흔히 부르는 것은 '먹장어'가 맞는 이름이고, '아나고'라는 일본말로 불리는 것은 '붕장어'가 맞는답니다.

　우리가 자주 먹는 해산물의 이름, 정확하게 알고 먹으면 더 맛있겠지요?

해산물의 표준 이름을 사용합시다

비표준어		표준어
칼치		갈치
올갱이		다슬기
가재미		가자미
꼼장어		먹장어
아나고		붕장어
이면수		임연수어(林延壽魚)

짜장면도
표준어가 됐어요

어린이들이 좋아하는 중국 음식인 '짜장면'은 계속 먹어도 질리지 않죠? 예전에는 '짜장면'은 표준어가 아니고 '자장면'이 표준어라고 했는데 이젠 '짜장면'도 표준어가 됐기 때문에 어느 쪽을 써도 다 맞는답니다. 마음 놓고 '짜장면 주세요!'라고 주문해 보세요.

'짜장면'처럼 예전에는 표준어가 아니었지만 표준어가 된 것들이 있어요. 매일같이 계속해서 뭔가를 할 때 보통 '맨날'이라고 표현하는데, 이것도 '만날'이 표준어였지만 '맨날'도 표준어가 됐답니다.

글씨를 되는대로 아무렇게나 써 놓은 것을 보고 '글씨를 개발새발 썼다.'라고 할 거예요. 그런데 원래는 '괴발개발'이 표준어였어요. '괴'는 '고양이'를 가리키는 옛날 말로, '괴발개발'은 '고양이의 발과 개의 발'이라는 뜻이지만, 글씨를 엉망으로 쓴 것을 뜻하는 말이 된 거였죠. 그런데 많은 사람들이 '개발새발'이라고 자주 쓰다 보니까 결국 이것도 표준어로 인정받은 거죠.

이전에는 표준어가 아니었지만 이제는 표준어가 된 단어들이 있으니까 그것도 같이 알아 두고 사용해 봐요. 여러분이 자주 쓰는 말 중 표준어로 채택되었으면 좋을 단어들도 한번 생각해 보세요.

아나운서와 함께 배우는
우리말 우리글

새롭게 표준어로 인정받은 단어들

기존 표준어	추가된 표준어
만날	맨날
자장면	짜장면
메우다	메꾸다
먹을거리	먹거리
괴발개발	개발새발
어수룩하다	어리숙하다
찌뿌듯하다	찌뿌둥하다

※ 2011년 8월 31일 국립국어원 발표

날씨가 추워서 손이 시려요

'손이 시려워 꽁! 발이 시려워 꽁! 겨울바람 때문에 꽁꽁꽁…….' 이렇게 시작하는 '겨울바람'이라는 동요를 알고 있나요? 그런데 이 노래 가사에 나오는 '시려워'라는 표현은 생활 속에서 우리가 많이 쓰고 있기는 하지만 잘못된 표현이랍니다. '시려워'는 '시렵다'란 말에서 나올 법한데 '시렵다'는 사전에 없는 단어예요. 이것은 '시렵다'가 아니라 '시리다'가 맞는 말이기 때문에 '손이 시~려', '발이 시~려'와 같이 노래를 바꿔 불러야 해요.

만약 바닥에 쓰레기나 동전이 떨어져 있다면 어떻게 하나요? '줏어요.'라고 하는 사람이 많은데, '줏다'라는 단어는 없어요. 바닥에 떨어진 것을 집는 것을 가리키는 표현은 '줍다'지요. 그러니까 '쓰레기를 줏어요.'가 아니라 '쓰레기를 주워요.'라고 해야 맞는 표현이 됩니다.

누구를 깜짝 놀라게 할 때 '놀래키다'라는 말을 많이 할 거예요. 그런데 '놀래키다'는 맞는 말이 아니고 '놀래다'가 맞는 말이니까 '놀래지 마.' 아니면 '놀라게 하지 마.'라고 해야겠죠. 또 자기가 놀랐을 때 '깜짝 놀랬잖아.'라고 말할 때가 많은데, 이때는 '깜짝 놀랐잖아.'가 맞는 표현이라는 것도 같이 알아 두세요.

아나운서와 함께 배우는
우리말 우리글

알쏭달쏭 표준어

줍다(O)	줏다(×)
앳되다(O)	애띠다(×)
졸리다(O)	졸립다(×)
시리다(O)	시렵다(×)
본뜨다(O)	본따다(×)
놀래다(O)	놀래키다(×)
까다롭다(O)	까탈스럽다(×)

몇 월 며칠에 만날까요?

날짜를 정확하게 알고 싶을 때 여러분은 어떻게 물어봐요? 아마 '몇 월 몇 일이에요?'라고 하는 친구들이 가끔 있을 텐데, 여기서 '몇 월'은 맞지만 '몇 일'은 잘못된 거랍니다. 조금 이상하게 생각될지도 모르겠지만 이것은 어원이 불분명하기 때문에 소리 나는 대로 쓰는 게 법칙으로 돼 있어서 '며칠'이 맞아요. 그러니까 '몇 월 며칠이에요?'라고 써야 해요.

집에서 밥을 먹고 나서 그릇이나 숟가락, 젓가락을 깨끗하게 씻어서 정리해 본 적이 있나요? 이렇게 하는 것을 '설겆이'로 쓰기가 쉽지만 이것은 '설거지'라고 발음 나는 것처럼 써야 맞아요.

또 뛰어놀다가 넘어져서 '무릎'을 다친 적이 있을 텐데, '무릎'을 '무르팍'이라고도 불러요. 아마 '무릎팍'으로 많이 봐 왔을 것 같은데요, 이 말은 '무릎' 뒤에 '-악'이라는 말이 붙어서 나온 것이지만 지금은 발음 나는 대로 쓰는 '무르팍'이 표준어로 돼 있어요.

무르팍

우리말에서는 '며칠'이나 '무르팍'처럼 발음할 때는 문제가 없지만 글자로 쓸 때 혼동하기 쉬운 표현들이 많이 있으니까, 이런 단어들은 특별히 잘 기억해 둬서 정확하게 쓰도록 해요.

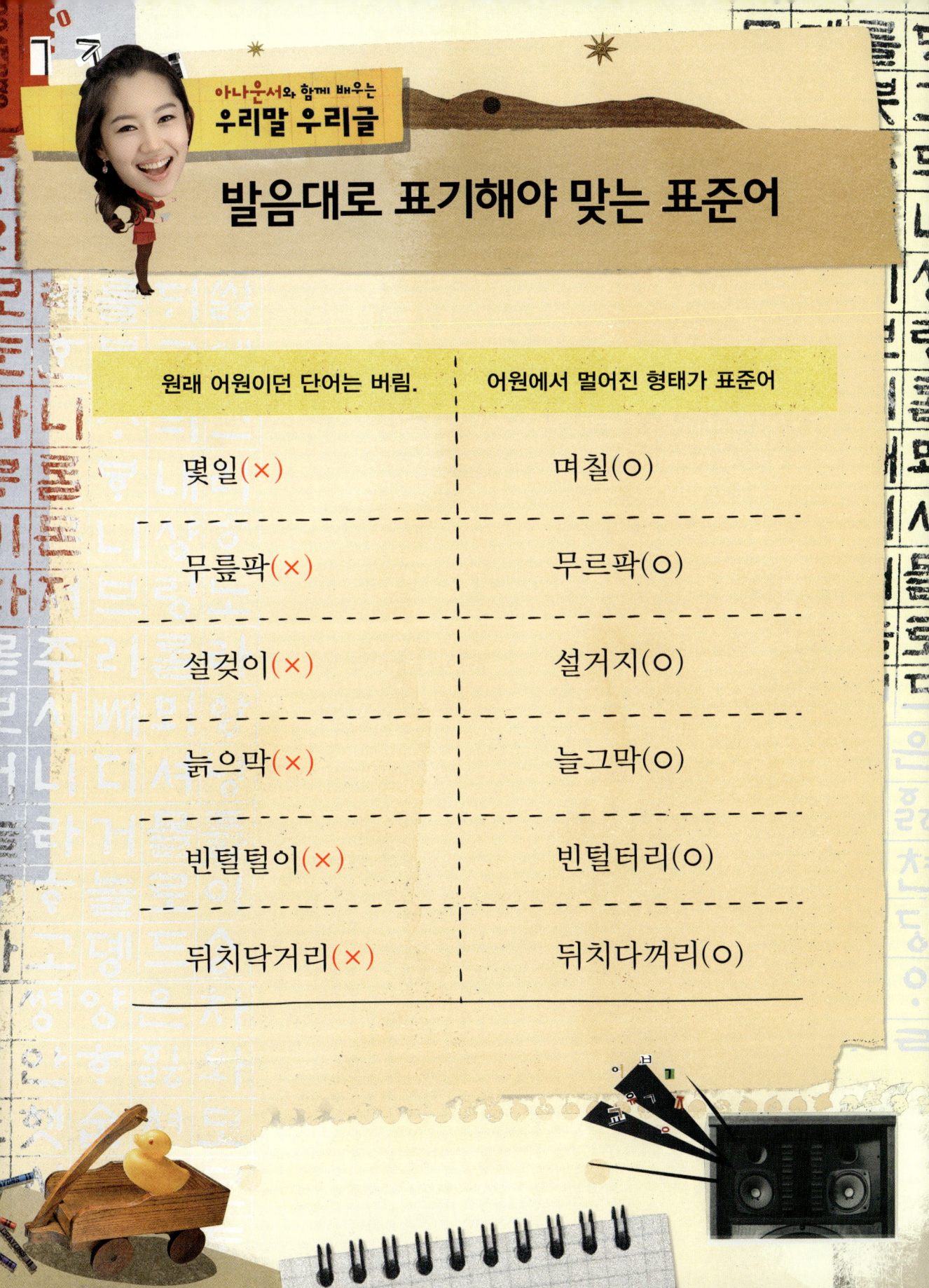

발음대로 표기해야 맞는 표준어

원래 어원이던 단어는 버림.	어원에서 멀어진 형태가 표준어
몇일(×)	며칠(○)
무릎팍(×)	무르팍(○)
설겆이(×)	설거지(○)
늙으막(×)	늘그막(○)
빈털털이(×)	빈털터리(○)
뒤치닥거리(×)	뒤치다꺼리(○)

'쭈꾸미'가 아니라 '주꾸미'예요

봄철에 특히 많이 먹는 생선 중에서 낙지와 비슷하게 생긴 것이 있는데, 여러분은 이 생선의 이름을 혹시 '쭈꾸미'라고 알고 있나요? 많은 사람들이 '쭈꾸미'라고 쓰거나 발음하지만, '주꾸미'로 쓰고 발음도 글자처럼 [주꾸미]라고 해야 맞는답니다.

이것처럼 '고추장'을 [꼬추장]이라고 하는 사람들도 많지요? 이렇게 [쭈꾸미]나 [꼬추장]처럼 불필요하게 'ㅉ'이나 'ㄲ' 같은 된소리를 넣어서 말하는 습관은 고치는 것이 좋아요.

그리고 음식점에서 파는 음식 이름이 쓰여 있는 메뉴를 보면 글자를 잘못 쓴 것을 종종 볼 수 있어요. 그중에서도 대표적인 것은 '찌개' 종류인데, '찌개'를 '찌게'라고 써 놓은 곳이 정말 많지요. 하지만 이것은 '김치찌개, 된장찌개, 순두부찌개'와 같이 '찌개'라고 하는 것이 맞는답니다.

또 '육계장'이라고 쓰여 있는 곳도 많은데, 이 음식은 원래 '개장국을 못 먹는 사람들을 위해서 소고기를 개장처럼 끓여 낸 장국'을 말해요. 그런데 그 음식에 계란을 풀어서 끓여 내오는 것을 보고 '육계장'이라고 잘못 쓰는 것 같아요. '육개장'이 맞는 표현이라는 것을 꼭 기억해 두세요.

올바른 음식 이름 표기

명난젓(×) ▶ 명란젓('명란明卵'은 명태의 알)

다른 예 창란젓 ➡ 창난젓('창난'은 명태의 창자)

뚝빼기(×) ▶ 뚝배기('ㄱ' 받침 뒤에 [빼기]로 발음되면 '-배기'로 표기함.)

다른 예 곱배기 ➡ 곱빼기('ㄱ' 이외의 받침 뒤에 [빼기]로 발음되면 '-빼기'로 표기함.)

오이소배기(×) ▶ 오이소박이

같은 예 차돌배기 ➡ 차돌박이

쭈꾸미(×) ▶ 주꾸미

같은 예 짱아찌 ➡ 장아찌 / 꼬추장 ➡ 고추장

육계장(×) ▶ 육개장

비슷한 예 김치찌게 ➡ 김치찌개(모음 표기 오류)

'식혜'와 '식해'는 다른 음식이에요

　가족끼리 찜질방에 가면 삶은 계란과 밥알이 동동 떠 있는 달콤한 식혜를 많이 먹죠? '식혜'는 우리나라 전통 음료의 하나인데, '식혜'와 이름이 비슷한 음식 중에 '식해'라는 것이 있어요. '식해'는 음료수의 종류가 아니고 생선을 가지고 만든 음식이에요. 특히 '가자미'라는 생선으로 많이 만드는데, '식혜'와는 전혀 다른 음식이니까 글자로 쓸 때도 '식해'로 정확하게 써야 해요.

　여러 가지 생선의 회를 그릇 하나에 모아서 파는 것을 봤나요? 이렇게 파는 생선회를 '모듬회'라고 쓸 때가 많은데, 이것은 '모둠회'가 맞는답니다. 그렇다면 생선회뿐만 아니라 '참치김밥, 야채김밥, 소고기김밥' 같은 여러 종류의 김밥을 모아서 한 그릇에 담은 것을 '모둠김밥'이라고 할 수 있겠지요.

　한국 음식에서 '국' 이름을 쓸 때 주의해야 할 것이 있어요. '된장국'처럼 '국'자 앞에 받침이 있는 말이 올 때는 문제가 없지만 받침이 없는 말이 올 때는 '사이시옷'을 쓰도록 돼 있어요. 그 이유는 '국'이 [꾹]이라고 된소리로 발음되기 때문에 그것을 사이시옷으로 표시해 주는 거지요. 그러니까 조개를 넣어 만든 국은 '조개국'이 아니라 '조갯국'이고, 감자를 넣어 끓인 국은 '감잣국'이라고 써야 한답니다.

해산물 차림표를 바르게

바른 표기	틀린 표기
안주 일체	안주 일절
모둠회	모듬회
조갯국	조개국
낙지전골	낚지전골
가자미식해	가자미식혜

영화 〈쿵후 판다〉 봤어요?

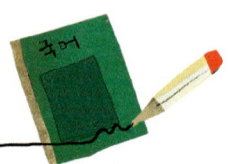

　여러분한테 인기가 많았던 영화 중에 〈쿵푸 팬더〉라는 애니메이션 영화가 있지요? 그런데 이 영화 제목은 잘못 표기된 거예요.

　먼저 '쿵푸'는 중국 무술 중의 하나를 부르는 말인데요, 이것은 '쿵푸'가 아니라 '쿵후'라고 쓰는 것이 맞아요. 그리고 배와 얼굴은 흰색인데 눈 주위는 까맣고 곰처럼 생긴 동물이 영화의 주인공으로 나오는데, 중국의 상징적인 동물이지요. 이 동물의 이름을 '팬더'로 알고 있는 사람들이 많은데요, 이것은 '팬더'가 아니라 '판다'가 맞아요. 그래서 영화 제목은 '쿵푸 팬더'가 아니라 '쿵후 판다'라고 해야 표기법에 맞죠.

　그리고 '님은 먼 곳에'라는 영화 제목에서는 '님'이 아니라 '임'으로 고쳐 쓰는 것이 맞는답니다. 여기서 말하는 '임'은 '사랑하는 사람'인데, '님'은 '임'의 옛날 말이지요. 요즘은 '-님'이라는 표현을 '부모님, 선생님'이라는 말에서처럼 어떤 명사 뒤에 붙여서 존경의 뜻을 더할 때 사용하고 있어요.

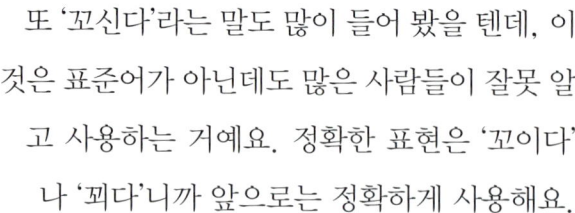

　또 '꼬신다'라는 말도 많이 들어 봤을 텐데, 이것은 표준어가 아닌데도 많은 사람들이 잘못 알고 사용하는 거예요. 정확한 표현은 '꼬이다'나 '꾀다'니까 앞으로는 정확하게 사용해요.

표기법에 어긋나는 영화 제목들

쿵푸 팬더(×) ▶ 쿵후 판다(○)

님은 먼 곳에(×) ▶ 임은 먼 곳에(○)

Mr 로빈 꼬시기(×) ▶ Mr 로빈 꾀기(○)

'햇빛'은 눈부시고 '햇볕'은 따가워요

동화 '바람과 해님'에서 바람과 해님이 서로 자기가 힘이 더 세다고 하면서 나그네의 옷을 누가 먼저 벗기는지 내기를 했지요? 이 내기에서 해님이 이겼는데요. 나그네가 더워서 옷을 벗을 수밖에 없었던 것은 '햇빛' 때문이 아니라 '햇볕' 때문이었어요. 그렇다면 '햇빛'과 '햇볕'은 어떻게 다를까요?

'햇빛'은 말 그대로 '해의 빛'인데, '햇빛이 비치다.'나 '햇빛을 가리다.'와 같이 쓸 수 있어요. 사람들이 색깔 있는 안경을 쓰는 이유는 바로 강한 '햇빛 광선'으로부터 눈을 보호하기 위해서예요. 그에 반해 '햇볕'은 '해가 내리쬐는 뜨거운 기운'을 뜻하는 말이기 때문에 '햇볕이 따갑다.' 또는 '햇볕이 내리쬐다.'라고 말하지요. 그러니까 나그네가 옷을 벗은 이유는 눈부신 광선 때문이 아니라, 해의 뜨거운 기운, 다시 말해서 '햇볕' 때문이었던 거죠. '햇볕은 쨍쨍, 모래알은 반짝…….' 이 노래에서도 햇볕이 쨍쨍 내리쬔다는 뜻이랍니다.

이번 기회에 날씨와 관계있는 표현들을 정확하게 알아 두는 것도 좋겠죠?

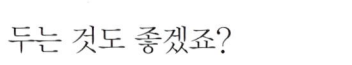

여름철 날씨 용어

우뢰(×) ▶ 우레(○)

장마비(×) ▶ 장맛비(○)

불뻗더위(×) ▶ 불볕더위(○)

맑게 개이다.(×) ▶ 맑게 개다.(○)

영상 30도 5분(×) ▶ 영상 30점 5도(○)

햇빛이 따갑다.(×) ▶ 햇볕이 따갑다.(○)

태양이 작렬(炸裂)하다.(×) ▶ 태양이 작열(灼熱)하다.(○)

버스전용차로에는 버스만 다닐 수 있어요

자동차가 다니는 길을 보면 파란색 선을 그어서 버스만 다닐 수 있게 정해 놓은 곳이 있어요. 이 선 안으로 버스가 아닌 승용차나 택시 같은 차가 들어가면 안 된다는 뜻이에요. 이런 곳은 '버스전용차선'과 '버스전용차로' 중에서 뭐라고 부르는 것이 맞을까요?

'차선'과 '차로'를 혼동하는 경우가 많은데, '차선'은 '자동차 도로에서 차가 가는 방향을 따라서 일정한 간격으로 그어 놓은 선'을 말하고, '차로'는 '사람이 다니는 길과 구분해서 자동차가 다니는 길'을 말해요. '차선'은 '선'이 중요한 내용이고 '차로'는 '길'이 중요한 내용이라고 생각하면 돼요. 그러니까 버스만 다닐 수 있도록 정해 놓은 길을 말할 때는 '버스전용차로'라고 해야 하는 거죠. 이와 같이 교통과 관계있는 용어들의 정확한 뜻을 알고 사용해야겠어요.

일반 도로에서 고속 도로로 들어가거나 아니면 고속 도로를 달리다가 일반도로로 나갈 때 이용하는 곳을 'IC(interchange)'라고 하는데 우리말로는 '나들목'이라고 해요. 또 한 고속 도로에서 다른 고속 도로로 들어갈 수 있는 곳을 'JC(junction)'라고 하는데 우리말로는 '분기점'이라고 하지요. 이런

용어들은 교통 상황을 알려 주는 방송에서 자주 들을 수 있을 거예요. 영어 단어로 된 것들을 좋은 우리말로 바꿔서 사용하는 연습을 하세요.

교통 용어, 바르게 사용합시다

차로
(車路)

자동차가 다니는 일정한 폭이 있는 길
예 버스전용차로, 차로 변경, 1차로(○), 1차선(×)

차선
(車線)

자동차 도로에 주행 방향을 따라 그어 놓은 선
예 차선 이탈, 차선 도색

노견
(路肩)

자동차가 다니는 도로 폭 밖의 가장자리 길
'갓길'로 순화

IC
(interchange)

고속 도로에서 나가거나 진입할 수 있는 진·출입구
'나들목', '입체교차로'로 순화
예 수원 나들목, 대전 나들목

JC
(junction)

고속 도로에서 다른 고속 도로로 진입할 수 있는 교차점
'분기점'으로 순화
예 신갈 분기점, 회덕 분기점

가드레일
(guard-rail)

사고 방지를 위해 차도와 인도 사이에 쳐 놓은 시설물
'방호벽'으로 순화

톨게이트
(tollgate)

고속 도로나 유료 도로에서 통행료를 받는 곳
'요금소'로 순화
예 서울 요금소, 부산 요금소

저를 제대로 불러 주세요

가끔 우리는 동물들의 이름을 정확하게 알지 못하고 부르곤 해요. 발음 때문에 혼동해서 잘못 부르는 경우도 있고, 처음부터 이름을 잘못 알고 부르는 경우도 있지요.

땅 속에 굴을 파고 사는 동물은 '두더지'인데, 모양이 큰 쥐처럼 생겨서 그런지 이것을 '두더쥐'로 잘못 알고 있는 사람들이 있어요. 또 도마뱀 비슷하게 생긴 '도롱뇽'이 있는데, 편하게 발음하려는 습성 때문에 '도룡뇽'이라고 잘못 부르는 경우가 많아요. 그렇지만 '도롱뇽'이 맞는 이름이니까 확실하게 알아 두세요.

날카롭고 단단한 부리로 나무에 구멍을 내서 그 속에 있는 벌레를 잡아먹는 새를 아나요? 바로 딱따구리예요. 이것을 '딱다구리'라고 쓰는 사람들이 많지만 발음과 똑같이 '딱따구리'라고 쓰는 것이 맞는답니다.

마지막으로 여름밤에 몸에서 반짝이는 빛을 내면서 날아다니는 곤충을 소개할게요. 이것을 '반딧불'로 알고 있는 사람들이 정말 많은데, '반딧불이'가 맞는 이름이에요. '반딧불'은 '반딧불이의 꽁무니에서 나오는 빛'을 말하는 거니까 정확하게 구별해서 써야 한답니다.

혼동하기 쉬운 동물의 이름

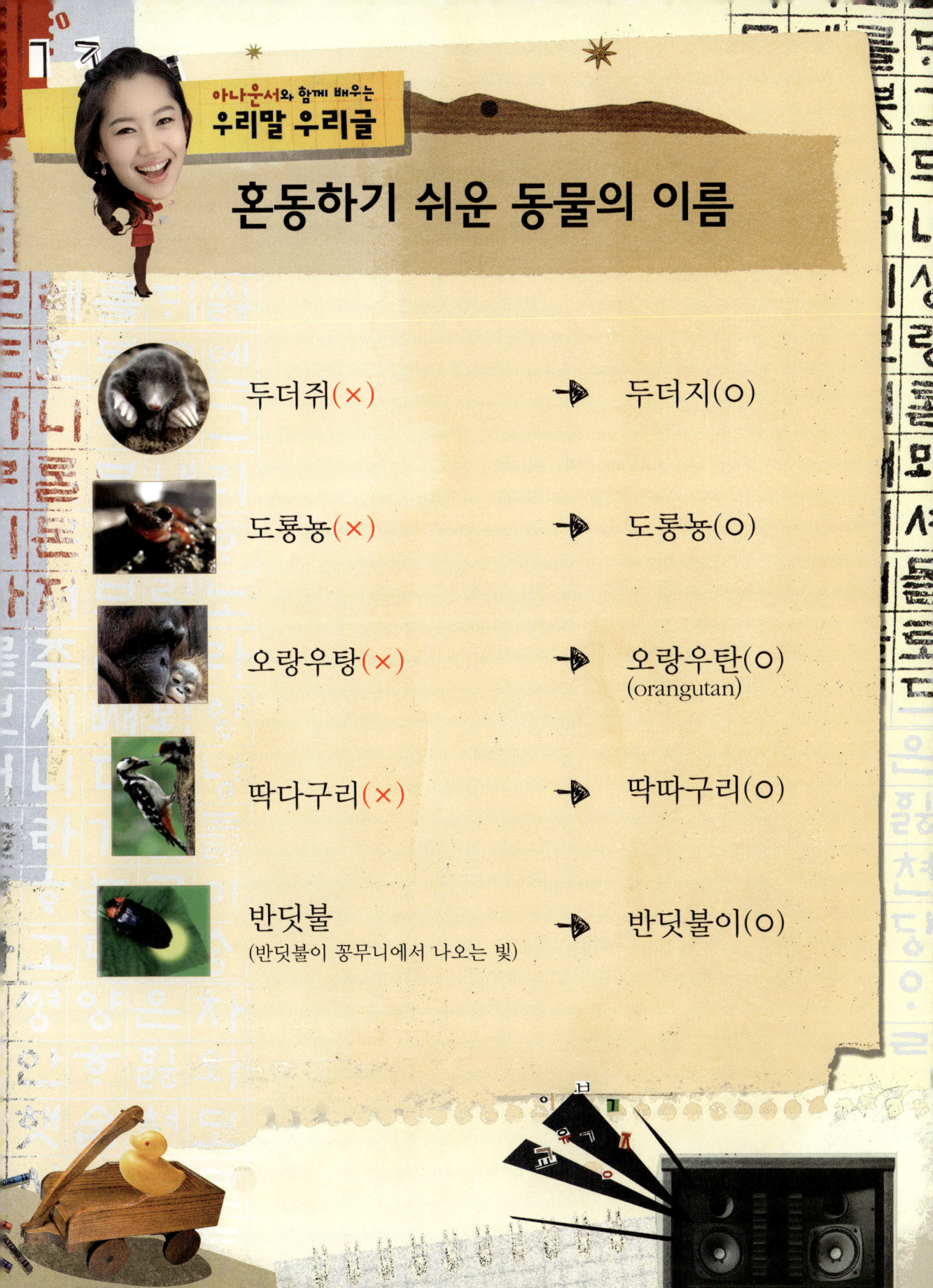

두더쥐(×) ➡ 두더지(○)

도룡뇽(×) ➡ 도룡뇽(○)

오랑우탕(×) ➡ 오랑우탄(○)
(orangutan)

딱다구리(×) ➡ 딱따구리(○)

반딧불
(반딧불이 꽁무니에서 나오는 빛) ➡ 반딧불이(○)

둘 중 어느 것을 써도 다 맞아요

　여러분은 고기 중에서 어떤 고기를 제일 좋아하나요? '식용으로 하는 돼지의 고기'를 '돼지고기'라고 하고 '닭의 고기'를 '닭고기'라고 하는 것처럼 '소의 고기'는 '소고기'라고 하지요. 그런데 '소의 고기'는 '소고기'라고도 하고 '쇠고기'라고도 해요. 둘 다 맞는다고 하니까 좀 이상한가요? 이렇게 두 개 이상의 단어가 모두 표준어인 것을 '복수 표준어'라고 해요. 소와 관련된 복수 표준어로는 '소고기/쇠고기' 말고도 '소가죽/쇠가죽', '소꼬리/쇠꼬리'가 있어요. 그럼 다른 복수 표준어도 한번 살펴볼까요?

　'옥수수' 알맹이 말린 것을 뻥~ 하고 튀겨서 나오는 것을 '강냉이'라고 하지요? 그런데 할머니, 할아버지들은 그냥 '옥수수'를 '강냉이'라고 부르시기도 해요. '옥수수'와 '강냉이'는 모두 같은 것을 뜻하는 표현이니까 어느 것을 써도 다 맞아요.

　선생님이 부르실 때 대답으로 '네'
와 '예'도 둘 다 맞는 거니까 어느 쪽으로 대답해
도 좋겠어요.

　너무 오랫동안 비가 안 오면 땅의 물기가 바싹 마르고 갈라지게 되죠. 이
런 것을 '가뭄'이라고도 하고 '가물'이라고도 해요.

　그리고 음악회에서 연주가 끝나면 관객들이 일어서서 일제히 박수를 치
는 것을 '우레와 같은 박수'라고 하는데, 여기서 말하는 '우레와 같은 박수'
가 무슨 뜻인지 아나요? 이건 '많은 사람이 치는 큰 소리의 박수'를 비유해
서 말하는 것인데, '우레'라는 말은 '천둥'과 같은 뜻이에요. '천둥'이 칠 때
'우르릉 쾅쾅' 하는 소리가 아주 크고 때로는 무섭기까지 하죠? 그래서 큰 소
리로 치는 박수를 '우레와 같은 박수'라고 표현하게 된 거랍니다. 하지만 '우
레'를 '우뢰'라고 쓰는 사람들도 간혹 있어요. 이것은 잘못된 표현이랍니다.

　여러분은 '오늘'의 전날을 '어제'라
고 하나요? 아니면 '어저께'
라고 하나요? 말하는 습
관에 따라서 다를 수도
있겠지만 '어제'와 '어저
께'는 모두 표준어이기

때문에 어느 표현을 써도 다 맞는답니다.

그리고 '어디에 계세요?'처럼 우리가 익숙하게 알고 사용하는 표현으로 '~세요'가 있는데, 이 대신 '어디에 계셔요?'와 같이 '~셔요'를 써서 표현할 때도 있어요. 아마 '~셔요'는 자주 사용하지 않아서 조금 이상하게 들릴지도 모르겠지만 이것도 표준어로 돼 있답니다. 예를 들어서 '저희 선생님이세요.'도 맞는 표현이고 '저희 선생님이셔요.'도 맞는 표현이에요.

또 물건을 바닥에 떨어뜨리면 깨져서 못 쓰게 되기도 하는데, '떨어뜨리다'는 '떨어트리다'로 써도 돼요. 이렇게 '~뜨리다'와 '~트리다'가 붙는 말은 모두 복수 표준어이기 때문에 '망가뜨리다'와 '망가트리다', '부서뜨리다'와 '부서트리다', '부러뜨리다'와 '부러트리다'도 둘 중에 어느 것을 써도 다 맞는답니다.

자, 그럼 복수 표준어로 쓸 수 있는 단어들을 나열해 보겠습니다. 이것과 함께 표준어로 사용할 수 있는 다른 단어를 한번 말해 볼까요?

❶ 소고기　❷ 안녕하세요?　❸ 가뭄　❹ 천둥　❺ 떨어뜨리다

둘 다 맞습니다

복수 표준어

쇠고기	소고기
옥수수	강냉이
좀처럼	좀체
네	예
가뭄	가물
천둥	우레
어제	어저께
앉으세요	앉으셔요
떨어뜨리다	떨어트리다

세계에서 13번째로 많이 쓰이는 언어, 한국어

'세계적으로 가장 과학적인 문자'는 어떤 글자일까요? 알파벳? 한자? 아니면 에스페란토? 정답은 바로 우리의 '한글'이랍니다. 한글의 유용성이나 과학성은 학계에서는 이미 널리 알려져 있지만 한글이 세계 곳곳으로 퍼져 나가는 데는 '한류'가 한몫을 제대로 하고 있답니다.

한국 드라마와 K-pop의 인기가 높아지자, 아시아를 넘어 유럽과 아메리카 대륙에서도 한글을 배우고자 하는 사람들이 점점 더 많아지고 있어요.

그럼 전 세계에서 한글을 사용하는 인구가 얼마나 될까요? 놀라지 마세요. 무려 7742만여 명의 세계인이 한글을 사용해, 한글은 세계에서 13번째로 많이 쓰이는 언어랍니다.

그럼 한국어의 위력을 숫자로 잠시 확인해 볼까요?

전 세계에 한국어를 알려 주는 기관은 2000여 곳이나 되고, 한국어 능력 시험이 치러지는 나라도 20개국이고, 응시자도 약 18만 명까지 급증했으며, 한국어를 대학에서 가르치고 있는 나라는 54개국에 달한다고 합니다. 정말 대단하죠? 하지만 슬프게도 우리나라에서 한글은 제대로 대우받지 못하고 있답니다. 우리는 학교와 사회에서 영어 등 외국어 능력을 끊임없이 요구받고 있고, 스마트 폰의 보급으로, '최대한 짧게, 간결하게'를 외치는 SNS(누리소통망 서비스)를 활용한

의사소통이 활발해지면서 맞춤법과 띄어쓰기가 무시되고 있어서 한글 파괴 현상은 점점 더 확대되고 있어요. 심지어 요즘 초등학생들 사이에서는 "네."란 대답 대신 "이응 이응(문자 상에서 표현하는 ㅇㅇ를 소리대로 읽는 것)"이라고 표현하기도 한답니다.

외국인들은 한국 사람들이 외래어까지 마구 줄여 쓰는 바람에 무슨 말인지 못 알아듣는 한국어가 많다고 불평하기도 한답니다. 한글날이 언제인지 정확히 기억하는 사람도 겨우 63%라고 하는데 여러분은 한글날이 언제인지 알고 있나요? 바로 10월 9일입니다.

한글에 대한 자부심과 한글을 아끼고 사랑하려는 마음을 계속 유지하면 좋겠어요. 이 책에 나오는 한글 맞춤법을 지키고 바른 한국어 표현을 하다 보면 한글에 대한 관심이 더 커지겠죠?

이 정도까지 알면
우리말 달인

한글은 이렇게 만들어졌어요

　'한글'은 세종대왕이 만든 우리나라의 글자로, 세계에서 가장 과학적이며 훌륭한 글자예요. '훈민정음'은 '백성을 가르치는 바른 소리'라는 뜻인데, 《훈민정음 해례본》에는 한글이 어떤 원리로 만들어졌는지 적혀 있답니다.

　먼저 모음은 모든 것의 근본이 되는 '하늘, 땅, 사람'을 'ㆍ, ㅡ, ㅣ'와 같은 모양으로 단순화해서 만든 거예요. 'ㆍ'는 하늘의 둥근 모양을, 'ㅡ'은 땅의 평평한 모양을, 그리고 'ㅣ'은 사람이 서 있는 모양을 나타낸 거죠. 이 세 개를 가지고 여러 모음을 만들었는데, 예를 들어서 'ㅏ'는 'ㅣ'옆에 'ㆍ'를 붙여서 만들었고, 'ㅜ'는 'ㅡ'아래에 'ㆍ'를 붙여서 만든 거예요.

　그리고 자음은 사람의 발음 기관을 본떠서 만들었답니다. '발음 기관'은 소리를 내는 데 사용되는 몸의 여러 부분을 말하는데, '이, 혀, 잇몸, 입술, 목구멍'과 같은 것이 있어요.

　먼저 'ㄱ'은 혀의 안쪽에 있는 혀뿌리가 목구멍을 막는 모양을 본떠서 만든 거예요. 여러분도 'ㄱ'을 발음할 때 혀가 어디에 가 있는지를 떠올려 보면 이해하기 쉬울 거예요. 이런 식으로 'ㄴ'은 혀끝이 윗니에 붙는 모양을, 'ㅁ'은 소리를 낼 때 마주 붙는 두 입술의 모양을 본떠서 만들었어요. 또한 'ㅅ'은 이의 모양을, 그리고 받침의 'ㅇ'은 목구멍의 둥근 모양을 본떠서 만든 것이라고 합니다. 우리의 자랑스러운 '한글'이 어떻게 만들어졌는지를 알고 사용하는 것도 의미가 있겠지요?

훈민정음의 창제 원리

모음: 모든 사물의 근본인 하늘과 땅과 사람을 형상화해 만듦.

·  하늘의 둥근 모양을 형상화해 만듦.

ㅡ  땅의 평평한 모양을 형상화해 만듦.

ㅣ  사람이 서 있는 모양을 형상화해 만듦.

자음: 사람의 발음 기관을 본떠서 만듦.

ㄱ 　ㄱ　 혀뿌리가 목구멍을 막는 모양을 본떠서 만듦.

ㄴ 　ㄴ　 혀끝이 윗니에 붙는 모양을 본떠서 만듦.

ㅁ 　ㅁ　 소리 낼 때 마주 붙는 두 입술의 모양을 본떠서 만듦.

ㅅ 　ㅅ　 이의 모양을 본떠서 만듦.

ㅇ 　ㅇ　 목구멍의 모양을 본떠서 만듦.

약속을 못 지켜서 면목이 없습니다

우리가 자주 사용하는 말 중에는 '얼굴, 눈, 어깨, 발'과 같은 몸의 일부와 관계있는 것들이 많이 있어요. 예를 들면 무엇인가 잘못해서 다른 사람을 대하기가 부끄럽다고 할 때 '면목이 없다'고 하는데, '약속을 지키지 못해서 면목이 없습니다.'와 같이 말할 수 있어요. '면목(面目)'이라는 말은 '얼굴'과 관계가 있는데, 원래는 '얼굴의 생긴 모양'이라는 뜻이지만 '체면'을 의미하는 말이지요. 이러한 표현들은 직접적인 뜻보다는 비유적으로 많이 쓰여요.

살다 보면 화가 나는 일이 생길 수도 있는데, 마음 속에서 화가 나는 것을 나타낼 때 '부아가 치밀다'라고 해요. '부아'는 우리가 숨을 쉬는 데 필요한 '폐' 또는 '허파'를 가리키는 순우리말 표현이에요. 그래서 이것은 노엽거나 분한 마음을 뜻하지요. 보통 화가 나면 숨이 가빠지는데, 그렇게 되면 가슴이 부풀어 오르는 것처럼 보이니까 이런 표현이 나오게 된 거예요.

여러분에게 조금 어려울지도 모르겠지만 '착안'이라는 표현도 있어요. '착안(着眼)'에서 '안(眼)'자는 얼굴에 있는 '눈'을 말해요. 어떤 일을 주의해서 본다든지 어떤 문제를 해결하기 위한 실마리를 잡는 것을 뜻하는 말이죠. 이 표현은 주로 'OO에 착안하다'라고 써요.

　어떤 사람이 일을 하다가 실패해서 원래 있던 자리에서 물러나는 경우에 '실각했다'고 표현하는데, '실각(失脚)'에서 '각(脚)'자는 '다리'를 뜻하는 한자예요. 원래 '실각'이라는 말은 발을 헛디딘다는 뜻인데, 주로 일에 실패해서 있던 지위에서 물러나는 것을 뜻할 때 사용한답니다.

　그리고 너무나 슬픈 일을 당했을 때 '애끊다'라는 표현을 써서 '애끊는 아픔'이나 '애끊는 심정'과 같이 표현해요. '애끊다'에서 '애'는 '창자'를 뜻하는 옛날 말이에요. 그래서 '애끊다'는 창자가 끊어진다는 뜻으로, 결국 몹시 슬프다는 뜻을 갖고 있는 거죠.

　또 다른 사람에게 자녀가 몇 명이나 되는지 물어볼 때 '슬하에 자녀를 몇 분 두셨습니까?' 이렇게 말해요. '슬(膝)'은 '무릎'을 뜻하는 말로, '슬하(膝下)'라는 말은 원래 '무릎의 아래'라는 뜻이에요. 여기에서 '주로 부모의 보살핌 아래 있다는 것'을 뜻하는 말이 된 거랍니다.

　누가 더 좋고 나쁘다고 말하기 어려울 정도로 실력이 서로 비슷할 때 'ㅇㅇ에 비견하다'라는 말을 써요. 예를 들어 '안데르센에 비견할 만한 동화 작가예요.'라고 하면 여

슬 →

면목

러분도 잘 아는 유명한 안데르센과 비슷할 정도로 동화를 아주 잘 쓰는 사람이라는 뜻이지요. '비견(比肩)'이라는 말에서 '견(肩)'은 '어깨'를 뜻하는데, 이 말은 누가 앞서거나 뒤서지 않고 서로 어깨를 나란히 한다는 뜻에서 나온 말이랍니다.

마지막으로 알아볼 것은 '눈썹'과 관계있는 표현이에요. 아주 급하게 관심을 끄는 일을 보통 '초미(焦眉)의 관심사'라고 하는데, '초미'에서 '미(眉)'자는 '눈썹'을 가리키는 말이지요. '초미'는 원래 눈썹에 불이 붙었다는 뜻이에요. 여러분 눈썹에 불이 붙었다고 상상해 보세요. 그러면 그 불을 끄는 것이 얼마나 급한 일인지 이해할 수 있겠지요? 그래서 이 말은 '매우 급한 것'을 뜻한답니다.

신체의 일부를 뜻하는 한자와 관계가 있는 말들이라서 여러분에게 조금 어렵게 생각될 수도 있겠지만 하나씩 잘 생각해 보면 왜 이런 뜻으로 사용하게 됐는지 이해할 수 있을 거예요.

그럼, 정리하는 뜻에서 아래 사용된 표현들이 우리 몸의 어떤 곳과 관계가 있는지 복습해 볼까요?

❶ 슬하에 자녀를 몇 분 두셨습니까?

❷ 컴퓨터 전문가에 비견할 만한 실력이군요.

❸ 물에 뜨는 성질에 착안해서 해결 방법을 생각해 냈습니다.

❹ 같은 실수를 또 해서 면목이 없습니다.

❺ 짧은 시간 안에 해결할 수 있는가가 초미의 관심사입니다.

118

신체를 활용한 표현

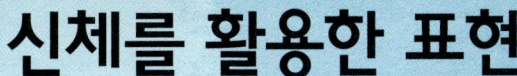

폐	**부아**가 치밀다	폐의 순우리말로, 노엽거나 분한 마음을 표현함.
눈	**착안(着眼)하다**	눈을 쓴다는 뜻으로, 어떤 일을 주의하여 눈여겨봄.
발	**실각(失脚)하다**	발을 헛디딘다는 뜻으로, 일에 실패해 지위에서 물러남.
창자	**애끊는** 아픔	창자가 끊어진다는 뜻으로, 몹시 슬프다는 의미임.
무릎	**슬하(膝下)의** 자녀	무릎의 아래라는 뜻으로, 어버이의 보살핌 아래를 이름.
얼굴	**면목(面目)이 없다**	얼굴의 생김새라는 뜻으로, 체면을 가리키는 말
어깨	**비견(比肩)할** 만하다	어깨를 나란히 한다는 뜻으로, 정도가 서로 비슷함을 이름.
눈썹	**초미(焦眉)의** 관심사	눈썹에 불이 붙었다는 뜻으로, 매우 급함을 이름.

손바닥 뒤집듯
말을 하면 안 돼요

우리가 사용하는 말 중에는 몸과 관계있는 표현들이 있다고 앞에서도 이야기했는데, 조금 더 알아보기로 해요.

어떤 기운이나 사정이 누그러지다가 다시 활발해지는 것을 말할 때 '고개를 들다'라고 해요. 힘이 없을 때는 고개를 숙이고 있다가도 힘이 나기 시작하면 고개를 들 수 있는 모습을 떠올릴 수 있을 거예요.

친구들 사이에서 말이나 태도를 이렇게 저렇게 자꾸 바꾸는 사람은 신뢰하기가 어려워요. 이런 모습을 '손바닥 뒤집듯'이라고 표현해요. 여러분도 직접 손등을 보여 주다가 손을 뒤집어서 손바닥을 보여 주는 것을 해 보면 그게 얼마나 쉬운지 알 수 있는 것처럼 '손바닥 뒤집듯'은 태도를 갑자기 바꾸는 것을 아주 쉽게 한다는 뜻이지요. 그래서 '그 사람은 말을 손바닥 뒤집듯 해서 믿을 수가 없어요.'라고 말할 수 있는 거예요.

그리고 너무 무거운 물건을 들 때는 허리를 제대로 펴지 못하고 허리가 굽게 되는데, 이렇게 해내기가 어려운 일을 하느라고 힘이 모자란 것을 '허리가 휘다'라고 표현해요. 요즘은 아이들의 교육비가 너무 많이 들어서 부모님의 허리가 휠 지경이지요.

신체를 활용한 관용구

고개를 들다

기운이나 형세가 활발해지다.
예 주춤했던 병마가 다시 고개를 들기 시작했다.

- -

눈에 밟히다

잊히지 않고 자꾸 눈에 떠오르다.
예 어머니의 모습이 눈에 밟혀 발걸음을 옮길 수 없었다.

- -

다리품을 팔다

비교적 먼 거리를 걷는 수고를 하다.
예 다리품을 팔다 보면 더 싼 제품을 구할 수 있다.

- -

손바닥 뒤집듯

갑자기 또는 노골적으로 태도 바꾸기를 아주 쉽게
예 그는 말을 손바닥 뒤집듯이 해서 믿을 수가 없다.

- -

치가 떨리다
치는 '이'를 나타내는 말

참을 수 없이 몹시 분하거나 지긋지긋하다.
예 그때 일을 생각하면 지금도 치가 떨려.

- -

허리가 휘다

감당하기 어려운 일을 하느라 힘이 부치다.
예 아버지의 병원비를 대느라 허리가 휠 지경이다.

죽음을 나타내는 표현이 참 많아요

사람은 언젠가는 죽어요. 이번에는 '죽음을 맞이하는 것'을 나타내는 한자어에 대해서 같이 알아봐요.

윗사람이 세상을 떠났을 때 우리말로는 '돌아가셨다'고 하지만 한자어로는 이 세상과 헤어진다는 뜻에서 '별세'라는 표현을 제일 많이 써요. '영면'이라는 말도 있는데 이것은 영원히 잠든다는 뜻으로 죽음을 나타내는 표현이지요. 또 '타계'는 인간 세계를 떠나서 다른 세계로 간다는 뜻에서 사회적으로 지위가 높거나 귀한 분의 죽음을 나타내는 말이에요. 예를 들어 80년의 일생을 사시고 돌아가셨다면 '80세를 일기로 타계하셨다.' 이렇게 말할 수 있답니다. 그런데 여기서 말하는 '일기(一期)'는 우리가 매일 쓰는 일기(日記)가 아니라 '한평생 살아 있는 동안'이라는 뜻을 가진 말이에요. 그리고 죽어서 세상을 떠난다는 뜻으로 '서거'라는 말도 있는데, 대개 왕이나 대통령과 같은 분이 돌아가셨을 때 주로 사용합니다.

또한 종교에 따라서 죽음에 대한 표현을 다르게 하기도 해요. 가톨릭에서는 '선종'이라고 하고, 개신교에서는 '소천'이라는 표현을 쓰며, 불교에서는 승려의 죽음을 '입적'이라는 말로 표현하고 있답니다.

죽음을 나타내는 표현

별세(別世)
윗사람이 세상을 떠남을 이르는 말임.
예 은사께서 지병으로 별세하셨습니다.

영면(永眠)
영원히 잠든다는 뜻으로 죽음을 이르는 말임.
예 선생님께서는 제자들에 둘러싸여 영면하셨습니다.

타계(他界)
인간계를 떠나 다른 세계로 간다는 뜻으로 귀인의 죽음을 이름.
예 선생님께서는 80세를 일기로 타계하셨습니다.

서거(逝去)
사거의 높임말. 사거(死去): 죽어서 세상을 떠남.
예 최규하 전 대통령이 서거했습니다.

선종(善終)
가톨릭에서 임종할 때 성사(聖事)를 받아 큰 죄가
없는 상태에서 죽는 일을 뜻함.

소천(召天)
개신교에서 하느님의 부름을 받는다는 뜻으로 쓰는 말임.
현재 국어사전에 등재돼 있지 않음.

입적(入寂)
불교에서 적막함에 들었다는 뜻으로 승려가 죽음을 이르는 말임.
비슷한 말로 원적(圓寂), 귀적(歸寂), 열반(涅槃)이 있음.

마음은 아직
이팔청춘인걸요?

　여러분은 혹시 '이팔청춘'이라는 말을 들어 본 적이 있나요? 이것은 '2×8=16'이라는 뜻에서 '열여섯 살'을 가리키는 말이랍니다. '이팔'이라고 해서 '스물여덟 살'로 착각하지 마세요. 이렇게 옛날부터 사람의 나이를 부르는 표현이 따로 정해져 있어요.

　어떤 표현은 남자와 여자를 구별해서 부르기도 해요. 옛날에는 남자가 20세가 되면 어른이 된다는 뜻에서 머리에 상투를 틀고 갓을 쓰게 하던 관례가 있었기 때문에 남자 나이 스무 살을 가리켜서 '약관'이라고 했어요. 그런데 여자는 20세쯤 되면 '꽃다운 나이'라는 뜻으로 '방년'이라고 하고, '방년 스무 살의 꽃다운 나이'와 같이 표현하기도 해요. 또 비슷한 의미로 '묘령'이라고도 하는데, 이 말은 '예쁜 나이'라는 뜻이에요. 그러니까 남자한테 '방년'이나 '묘령'이라는 말을 쓰면 아주 이상하고 잘못된 표현이 되는 거죠.

　또 나이 '예순 살'을 가리키는 표현은 '이순'이에요. '이순'에서 '이'자는 '귀'를 뜻하는데, 60세부터는 귀가 순해져서 다른 사람의 말을 듣기만 하면 곧 이해된다고 해서 이렇게 부르게 됐다고 하네요. '환갑'은 태어난 지 만 60년이 지났을 때의 나이를 말하니까 우리나라 나이로 하면 '예순한 살'이고, 환갑 바로 다음의 해를 '진갑'이라고 하니까 '진갑'은 '예순두 살'을 뜻해요.

혼동하기 쉬운 나이 표현

16	이팔(二八)	'2×8=16'인 데서 열여섯 살을 이르는 말임. 예 마음은 아직 이팔청춘이다.
20	약관(弱冠)	20세에 관례를 한 데서 남자 나이 스무 살을 이름. 예 약관의 나이에 사업가로 성공했다.
20	방년(芳年)	꽃다운 나이, 곧 20세 전후의 여자 나이를 이름. 예 방년 스무 살의 꽃다운 나이다.
20	묘령(妙齡)	예쁜 나이, 곧 20세 전후의 여자 나이를 이름. 예 묘령의 여인이 찾아왔다.
60	이순(耳順)	60세부터 귀가 순해져 남의 말을 듣기만 하면 곧 이해된다고 한 데서 예순 살을 이르는 말임.
61	환갑(還甲)	육십갑자의 '갑'으로 되돌아온다는 뜻으로 예순한 살을 이르는 말. 회갑(回甲), 주갑(周甲)
62	진갑(進甲)	환갑의 이듬해로 예순두 살을 이르는 말임. 예 환갑 진갑 다 지난 사람이다.

고등어 한 손은 몇 마리?

물건을 셀 때는 '사과 한 개, 자동차 두 대, 영화표 석 장'과 같이 '개, 대, 장' 같은 단위를 많이 사용해요. 이것 외에도 물건을 세는 단위가 참 많이 있는데, 새로운 단위에 대해서 같이 알아보도록 하죠.

'고등어 한 손'이라고 하면 몇 마리일까요? '손'은 생선을 한 손에 잡을 만한 분량을 말해서 2마리를 뜻해요. 그러니까 고등어 한 손은 고등어 2마리가 되지요. 오징어는 20마리를 묶어서 '축'이라는 단위로 센답니다. '오징어 세 축'은 60마리를 말하는 거예요.

또 채소나 과일 같은 것은 100개를 묶어서 세는데 이것은 '접'이라는 단위를 써요. 예전에는 집에서 김장을 할 때 배추 한 접을 하기도 했으니까 얼마나 김장을 많이 했는지 알 수 있지요. 그리고 바느질할 때 필요한 바늘은 '쌈'이라는 단위로 세고 24개를 한 쌈이라고 묶어 말합니다. 잘 기억해 두세요.

퀴즈 프로그램 같은 데서 단위 문제를 낼 때가 가끔 있는데요, 여러분도 문제를 한번 풀어 보는 것도 재미있겠지요? 자, 그럼 문제 나갑니다. '바늘 한 쌈, 배추 한 접, 오징어 두 축, 고등어 세 손'의 숫자를 모두 합하면 얼마가 될까요?

딩동댕~ 170입니다.

물건을 세는 단위

손 고등어 등을 한 손에 잡을 만한 분량(2마리)
예 모레 장날에는 고등어라도 한 손 사야겠다.

제 한약 20첩의 분량을 나타내는 단위
예 이번 설에 보약 한 제를 지어 먹어야겠다.

축 오징어 20마리를 묶어 세는 단위
예 어머니는 아들에게 오징어 세 축을 싸 주었다.

두름 굴비를 한 줄에 10마리씩 2줄로 엮은 것(20마리)
예 굴비는 스무 마리를 한 두름으로 묶어 판매한다.

쌈 바늘 24개를 묶어 세는 단위
예 속담: 시누 하나에 바늘이 네 쌈.(시누이가 고추보다 맵다.)

접 채소나 과일 100개를 묶어 세는 단위
예 속담: 곶감이 접 반이라도 입이 쓰다.(기분이 안 좋다.)

이슬비 내리는 이른 아침에

'이슬비 내리는 이른 아침에~ 우산 셋이 나란히 걸어갑니다…….' 여러분도 많이 부르는 노래이지요? 이 노래에 나오는 '이슬비'는 '아주 가늘게 내리는 비'를 말해요. 비의 종류에는 여러 가지가 있는데 대개 내리는 빗물의 굵기에 따라서 이름이 달라요. 여러분은 또 어떤 '비'를 알고 있나요?

우리말에 '가랑비에 옷 젖는 줄 모른다.'라는 속담이 있어요. '가랑비'는 '가늘게 내리는 비'를 말하는데, 이렇게 가늘게 내리는 비는 조금씩 젖어 들기 때문에 옷이 젖는 것을 잘 깨닫지 못한다고 해요. 결국 이 말은 아무리 작은 것이라도 그것이 계속되면 무시하지 못할 정도로 커진다는 것을 뜻해요. '가랑비'를 '세우(細雨)'라는 한자어로 부르기도 하는데, '이슬비'보다 조금 굵은 비를 말한답니다.

조금 더 굵은 비에 대해서 알아볼까요? 소나 말을 몰아가는 데에 사용하는 도구인 '채찍'을 알고 있을 거예요. 비 중에 '채찍비'라는 것이 있는데, 이것은 '채찍을 내리치는 것처럼 굵고 세차게 쏟아져 내리는 비'를 말해요. 그리고 여름 장마철에 비가 막 쏟아질 때 '비가 억수같이 내린다.'라고 하는 것을 들어 봤을 텐데, '억수'는 '물을 퍼붓듯이 세차게 내리는 비'를 가리키는 말이랍니다. 이렇듯 비의 종류에는 여러 가지가 있으니까 한번 알아보는 것도 재미있겠지요?

비의 종류

는개	안개보다 조금 굵고 이슬비보다 조금 더 가는 비
이슬비	는개보다 굵은, 아주 가늘게 오는 비
가랑비	이슬비보다 굵은 비, 세우(細雨)
보슬비	바람이 없는 날, 가늘고 성기게 조용히 내리는 비
채찍비	채찍을 내리치듯이 굵고 세차게 쏟아져 내리는 비
작달비	장대처럼 굵고 거세게 좍좍 내리는 비(장대비)
억수	물을 퍼붓듯이 세차게 내리는 비

한가위
차례상 차리기

추석 같은 명절에 차례를 지낼 때는 많은 음식을 만들어서 상에 차려 놓는데, 그 음식을 상 아무데나 놓는 것이 아니라 정해진 위치에 따라 놓아야 해요.

병풍 놓는 곳에서 가까운 곳부터 시작하기로 해요. 우리가 식사할 때 먹는 사람에게 제일 가까운 곳에 밥과 국을 놓는 것처럼, 차례상에서도 조상님의 신위가 놓여 있는 곳 가까이에 밥과 국을 놓는답니다. 거기를 1열이라고 하면 밥은 왼쪽에 놓고 국은 오른쪽에 놓아요. 2열에는 생선과 고기 종류를 놓는데, 생선은 동쪽에 그리고 고기는 서쪽에 놓도록 돼 있지요. 그런데 생선은 머리와 꼬리가 있어서 그것이 가는 방향도 중요해요. 생선의 머리는 동쪽으로 가고 꼬리는 서쪽으로 가도록 놓아야 해요.

그리고 4열에는 포, 식혜, 나물 종류가 올라가는데, 포는 왼쪽 끝에 놓고 식혜는 오른쪽 끝에 놓아요. 마지막으로 5열에는 과일이나 열매 종류를 놓는데, 왼쪽부터 대추, 밤, 배, 감의 순서로 놓고, 과일의 색깔에 따라서 붉은 과일은 동쪽에, 흰 과일은 서쪽에 놓게 돼 있답니다. 그래서 사과가 배보다는 동쪽에 놓여 있는 것을 볼 수 있어요.

조금 복잡하게 생각될 수도 있지만 여러분이 그림 속에 있는 차례상에서 음식들의 위치를 잘 찾아보면서 생각하면 쉽게 이해할 수 있을 거예요.

차례상 차리는 방법

1열 좌반우갱(左飯右羹)　　밥은 왼쪽, 국은 오른쪽

2열 어동육서(魚東肉西)　　생선은 동쪽, 고기는 서쪽

2열 두동미서(頭東尾西)　　생선의 머리는 동쪽, 꼬리는 서쪽

4열 좌포우혜(左脯右醯)　　좌측 끝에는 포, 우측 끝에는 식혜

5열 조율이시(棗栗梨柿)　　왼쪽부터 대추, 밤, 배, 감 순으로

5열 홍동백서(紅東白西)　　붉은 과일은 동쪽, 흰 과일은 서쪽

오이소박이가
아주 맛있어요

우리나라의 대표적인 발효음식인 김치에는 어떤 것이 있을까요? 아마 배추김치, 깍두기, 총각김치, 열무김치, 동치미 같은 것이 먼저 생각날 텐데, 그럼 김치의 종류는 얼마나 될까요?

김치는 재료에 따라서 나눌 수도 있고 담그는 방식에 따라 나눌 수도 있어서 김치의 종류가 200가지도 넘는다고 하니까 정말 많죠?

배추김치를 담글 때 배춧잎 사이에 여러 가지 양념을 버무려 넣는데 배추 속에 넣는다고 해서 이것을 '김칫속'이라고 하는 사람들이 많아요. 그런데 이것은 '속'이 아니라 '소'가 맞는 말이에요. '소'란 김치나 만두 속에 넣는 여러 재료를 뜻하는 말이에요. 그래서 '김칫소'라고 부르는 것이 맞는답니다.

그리고 오이를 몇 갈래로 갈라서 그 안에 여러 가지 양념으로 된 소를 넣은 김치를 '오이소배기'로 부르지만 이것은 오이에 소를 박아 넣은 것이라는 뜻으로 '오이소박이' 또는 '오이소박이김치'라고 해요.

시험 날짜에 가까워서 급히 공부하는 것을 '벼락치기 공부'라고 하죠? 이것처럼 무나 배추를 간장에 절여서 금방 먹을 수 있게 만든 김치를 '벼락김치', 소금물에 조금 싱겁게 담근 무김치를 '싱건김치'라고 해요. 이제 여러분도 이름을 보면 어떤 김치인지 알겠죠?

양념(소)

재미있는 김치 이름

늦김치	봄철까지 먹을 수 있도록 젓갈을 넣지 않고 담근 김치
숙김치 (熟 -)	나이 든 사람이 먹을 수 있도록 무를 삶아서 담근 김치
벼락김치	무나 배추를 간장에 절여 당장 먹을 수 있도록 만든 김치
덤불김치	무의 잎과 줄기, 또는 배추의 지스러기로 담근 김치
싱건김치	소금물에 삼삼하게 담근 무김치
둥둥이김치	국물을 많이 해 건더기가 둥둥 뜨게 담근 김치
홀아비김치	무나 배추 한 가지로만 담근 김치

섞박지(○), 석박지(×) / 오이소박이(○), 오이소배기(×) / 김칫소(○), 김칫속(×)

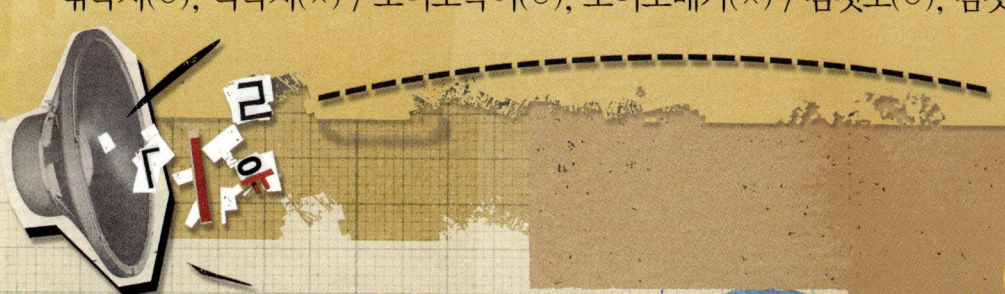

밤사이에
도둑눈이 내렸어요

10월 말이나 11월 초가 되면 아침저녁으로 기온이 많이 내려가서 좀 쌀쌀해져요. 이때쯤 '서리'가 내리는데, '서리'는 '밤에 기온이 0도 이하로 내려가 공기 속에 있는 수증기가 땅 표면에 닿아서 작은 얼음으로 엉긴 것'을 말해요.

'서리'에는 '무서리'와 '된서리'가 있어요. '무서리'는 '늦가을에 처음 내리는 묽은 서리'를 말하는데, 여기서 말하는 '무'는 먹는 '무'가 아니라 '물'이라는 말에서 온 거예요. 물이 많으면 묽어지니까 그렇게 생각하면 '무서리'가 어떤 것인지 쉽게 이해가 되죠? 또 '된서리'는 '늦가을에 아주 되게 내리는 서리'를 말하는데, 물기가 적은 '된밥'을 생각해 보면 어떤 '서리'인지 상상이 될 거예요.

하늘에서 완전한 눈이 내리지 않고 비와 섞여서 내릴 때가 있는데, 이것을 '진눈깨비'라고 해요. '눈'에도 여러 종류가 있지요. 굵고 탐스럽게 펑펑

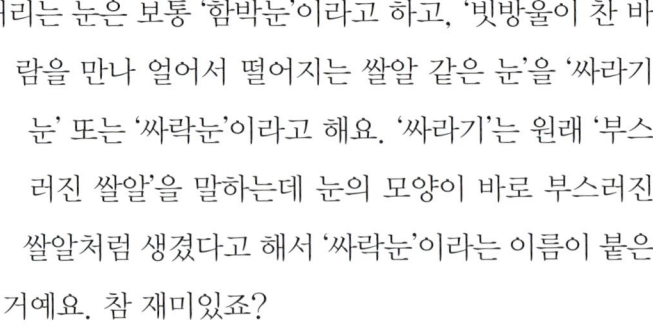

내리는 눈은 보통 '함박눈'이라고 하고, '빗방울이 찬 바람을 만나 얼어서 떨어지는 쌀알 같은 눈'을 '싸라기눈' 또는 '싸락눈'이라고 해요. '싸라기'는 원래 '부스러진 쌀알'을 말하는데 눈의 모양이 바로 부스러진 쌀알처럼 생겼다고 해서 '싸락눈'이라는 이름이 붙은 거예요. 참 재미있죠?

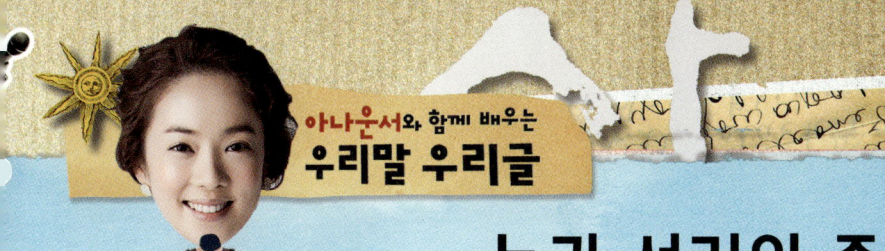
눈과 서리의 종류

무서리	늦가을에 처음 내리는 묽은 서리
된서리	늦가을에 아주 되게 내리는 서리
진눈깨비	비와 섞여서 내리는 눈
싸락눈	빗방울이 찬 바람을 만나 얼어 떨어지는 쌀알 같은 눈
도둑눈	밤사이에 사람들이 모르게 내린 눈
함박눈	굵고 탐스럽게 펑펑 내리는 눈
자국눈	겨우 발자국이 날 정도로 적게 내린 눈
숫눈	눈이 와서 쌓인 상태 그대로의 깨끗한 눈
잣눈(길눈)	한 자, 또는 한 길이 되게 많이 쌓인 눈

개꿈은
무슨 꿈일까요?

　꿈속에서 돼지를 봤다고 하면 좋은 꿈이라면서 보통 '돼지꿈'이라고 해요. 그럼 사람들이 '개꿈'이라고 하는 것은 어떤 꿈일까요? '돼지꿈'처럼 꿈속에서 개를 보는 꿈을 '개꿈'이라고 말할 것 같지만 꼭 그런 것은 아니고 '특별한 내용도 없이 어수선하게 꾸는 꿈'을 말하는 거예요.

　'개꿈'이라는 말처럼 어떤 말 앞에 '개–'자가 붙으면 '질이 떨어지는', '헛된', '정도가 심한'이라는 뜻을 더해 줘요. 그럼 '개꿈'에서 '개–'는 이 중에서 어떤 뜻이라고 할 수 있을까요?

　네, '개꿈'은 '헛된 꿈'이라고 생각할 수 있으니까 여기서는 '헛된'의 뜻으로 볼 수 있겠어요. 그리고 아주 심하게 겪는 고생을 '개고생'이라고 하는데, 이 경우에는 '정도가 심한'의 뜻으로 보면 되고, 여름에 나오는 과일 중에 '살구'라는 것이 있는데, 그 앞에 '개'자를 붙여서 '개살구'라고 하면 살구보다 맛이 시고 떫은, 조금 질이 떨어지는 것을 말한답니다.

　'개–'와 같이 단어 앞에 붙은 말인 접두사는 의미를 좀 더 분명하게 설명해 준답니다. 다른 접두사도 한번 살펴볼까요?

　과일 '배' 중에서 '돌배'라는 것을 먹어 본 적이 있나요? '돌배'는 산이나 들에 저절로 나서 자란 배나무에서 난 것인데, 그 열매가 잘고 씹는 맛도 부드럽지 않아 품질이 좋지 않은 것이랍니다. '돌배'에서 앞에 붙어 있는 '돌–'자는 '돌멩이'라는 뜻이 아니라 '품질이 낮은 것'이나 '야생의 것'이라는 뜻이에요. 채소 중의 하나인 '돌미나리'는 '논이나 개천 같은 습지에서 자라는 야생 미나리'를 말하는 것이죠.

또 색깔을 표현할 때 '새까맣다, 새빨갛다, 새파랗다'와 같이 색깔 표현 앞에 '새-'라는 말이 붙으면 그 색깔이 아주 짙고 선명하다는 것을 나타냅니다. 그러니까 '새빨갛다'는 그냥 '빨갛다'보다 더 진하고 선명하게 빨간 것을 나타내고, '새파란 하늘'이라는 말은 '파란 하늘'보다 파란색이 더 진하고 뚜렷하다는 것을 나타내는 거예요.

더위가 한창인 7월이나 8월을 보통 '한여름'이라고 하고, 추위가 한창인 1월을 '한겨울'이라고 하지요. '여름'이나 '겨울'이라는 말 앞에 붙어 있는 '한-'은 '한창'이라는 뜻을 더해 주는 말입니다. 여름은 덥고 겨울은 추운 것이 특징이기 때문에 '한여름'이나 '한겨울'이라는 표현은 더위와 추위가 제일 심한 때를 뜻한다고 생각해도 좋겠어요. 그럼 '한낮'과 '한밤중'도 무슨 뜻인지 알 수 있겠지요? '한낮'은 낮 12시쯤으로 한창 낮 시간을 말하고, '한밤중'은 아주 깊은 밤을 말하는 거예요. 그리고 '한가운데'라는 말은 '정확한 가운데'라는 뜻인데, '가운데' 앞에 붙은 '한-'은 '정확한'이라는 뜻을 더해 주지요. 이와 마찬가지로 '한복판'도 어떤 곳의 한가운데를 가리키는 거랍니다.

그럼 이번에는 동사에 붙어서 뜻을 더해 주는 표현들에 대해서 같이 배워 보기로 해요. '끓다, 뜨다, 볶다, 쑤시다'라는 단어를 여러분도 잘 알 텐데, 이 단어들 앞에 '들-'이라는 말을 붙여서 '들끓다, 들뜨다, 들볶다, 들쑤시다'라고 표현할 수도 있어요. 여기서 '들-'은 '마구', '몹시', '무리하게 힘을 들여'의 뜻을 더해 주지요. 그러니까 '들끓다'는 '끓다'보다 더 심한 모습을 생각하면 될 거예요. 예를 들어서 '여름에는 해수욕장이 많은 사람들로 들끓는다.'라고 하면 여름에는 해수욕장이 물 반 사람 반이라고 할 수 있을 정도로 많은 사람들로 복잡한 것을 나타내요.

그리고 '닫다, 뜨다, 받다, 솟다' 같은 단어 앞에 '치-'자를 붙이면 '치닫다, 치뜨다, 치받다, 치솟다' 같은 표현이 되는데, 여기서 '치-'는 '위로 향하게', '위로 올려'의 뜻을 더해 줘요. 예를 들어서 '기름 값이 치솟다.'는 '기름 값이 솟다.'보다 값이 더 갑자기 위로 올라간다는 뜻이 되는 거죠.

이처럼 우리말에는 '개-, 돌-, 새-, 들-'처럼 말 앞에 붙어서 뜻을 더해 주는 표현들이 더 많이 있으니까 잘 알아 두면 도움이 될 거예요.

자, 그럼 지금까지 설명한 것 중에서 몇 가지 표현을 말해 볼까요?

❶ 야생의 미나리
❷ 아주 진하고 선명하게 파랗다
❸ 헛된 꿈
❹ 다른 사람을 몹시 괴롭히고 볶다
❺ 추위가 한창인 겨울

정답은 ❶ 돌미나리 ❷ 새파랗다 ❸ 개꿈 ❹ 들볶다 ❺ 된추위, 강추위입니다.

알아 두면 유용한 접두사들

| 강– | '다른 것이 섞이지 않은', '호된', '심한'의 뜻을 더함. |
| | **예** 강술, 강더위, 강추위, 강행군 |

| 개– | '질이 떨어지는', '헛된', '정도가 심한'의 뜻을 더함. |
| | **예** 개떡, 개살구, 개꿈, 개고생 |

| 돌– | '품질이 낮은 것'이나 '야생의 것'의 뜻을 더함. |
| | **예** 돌감, 돌배, 돌능금, 돌미나리 |

| 들– | '마구', '몹시', '무리하게 힘을 들여'의 뜻을 더함. |
| | **예** 들끓다, 들뜨다, 들볶다, 들쑤시다 |

| 새– | '매우 짙고 선명하게'의 뜻을 더함. |
| | **예** 새까맣다, 새빨갛다, 새파랗다, 새하얗다 |

| 치– | '위로 향하게', '위로 올려'의 뜻을 더함. |
| | **예** 치닫다, 치뜨다, 치받다, 치솟다 |

| 한– | '한창인', '정확한'의 뜻을 더함. |
| | **예** 한낮, 한여름, 한밤중, 한가운데 |

너무 덥지만 기분은 아주 좋아요

사랑은
경사

　우리말에는 좋은 내용의 말과 함께 사용하는 표현도 있고, 이와는 반대로 좋지 않은 내용의 말과 같이 쓰는 표현도 있어요. 예를 들어서 '생일을 맞은 사람'은 괜찮은데 '생일을 당한 사람'이라는 말은 맞지 않아요. 그 이유는 '당하다'라는 표현은 안 좋은 일을 겪을 때 사용하는 말이라서 '생일'과 같이 좋은 일에 대해서 말할 때는 같이 쓰지 않기 때문이에요. '당하다'는 보통 '사고를 당하다.', '어려움을 당하다.'처럼 쓸 수 있어요.

　또 우리는 '너무'라는 표현을 정말 많이 사용하고 있는데, 잘못 쓸 때가 아주 많답니다. '너무'는 안 좋은 내용에 대해서 말할 때 써야 하는 표현인데, 우리는 좋은 것에 대해서 말할 때도 아주 많이 사용하고 있어요. 예를 들어서 '나는 피자가 너무 좋아요.', '너 오늘 너무 예쁘다.' 이렇게 말하는 것은 모두 어법에 맞지 않는 거예요. 이렇게 좋은 내용에 대해서 말한다면 '너무' 대신에 '아주'나 '정말' 또는 '무척' 같은 표현을 써서 '나는 피자가 아주 좋아요.', '너 오늘 정말 예쁘다.'와 같이 말하는 것이 좋겠지요. '너무'는 '머리가 너무 아프다.'처럼 안 좋은 내용에 대해서 말할 때 쓰는 것이라는 사실, 꼭 기억해 두세요.

> 아주
> 나는 피자가 ~~너무~~ 좋아요.

상황에 맞게 써야 하는 표현

긍정적인 말과 함께	부정적인 말과 함께
맞다 예 생일을 맞았다.	**당하다** 예 사고를 당했다.
드디어 예 드디어 성공했다.	**끝내** 예 끝내 숨지고 말았다.
아주, 무척 예 아주 좋아요.	**너무** 예 너무 힘들어요.
유명(有名) 예 세계적으로 유명한 학자이다.	**악명**(惡名) 예 인종 차별로 악명이 높았다.
회자(膾炙) 예 그의 선행은 널리 회자됐다.	**구설**(口舌) 예 한동안 남의 구설에 올랐다.
주인공(主人公) 예 미담의 주인공이다.	**장본인**(張本人) 예 사건을 일으킨 장본인이다.

'행복하세요.'는
잘못된 말이에요

우리말에는 '형용사'와 '동사'라는 것이 있어요. '형용사'는 '좋다, 예쁘다, 맛있다'와 같이 어떤 것의 성질이나 상태 같은 것을 나타내는 말이고, '동사'는 '먹다, 가다, 읽다'와 같이 주로 움직이거나 행동하는 것을 나타내는 말이에요. 그런데 형용사와 동사를 활용해서 쓸 수 있는 표현도 있고 쓸 수 없는 표현도 있답니다.

우리는 보통 '두 분 행복하세요.'나 '우리 모두 건강합시다.'라고 말하는데 이것은 모두 잘못된 표현이에요. 형용사는 '-세요'와 같이 명령하거나 '-합시다'와 같이 어떤 것을 같이 하자고 권유하는 문장에서는 쓸 수 없어요. '행복하다'와 '건강하다'는 형용사이기 때문에 이렇게 쓸 수 없는 것이죠. 하지만 표현을 조금 바꿔 동사와 연결해서 '행복하게 지내세요.'와 '우리 모두 건강하게 삽시다.'라고 말할 수는 있어요.

그리고 '예쁘지 않은 얼굴'은 맞지만 '예쁘지 않는 얼굴'은 맞지 않는 표현이에요. 그것은 뒤에 오는 말을 설명해 줄 때 형용사는 '예쁘지 않는'처럼 '-는'을 쓸 수 없기 때문이지요. 하지만 '예뻐하다'라는 동사를 써서 말하면 '(누군가가) 예뻐하지 않는 사람(현재)'과 '(누군가가) 예뻐하지 않은 사람(과거)' 모두 맞는 표현이 됩니다.

형용사와 동사를 구별합시다

형용사	동 사
성질이나 상태를 나타냄.	동작이나 작용을 나타냄.

형용사	동 사
그립다	그리워하다
수줍다	수줍어하다
행복하세요.(×)	행복하시기 바랍니다.(○)
건강합시다.(×)	건강하게 삽시다.(○)
예쁘지 않는(×)	예뻐하지 않는(현재)
예쁘지 않은(○)	예뻐하지 않은(과거)
알맞는(×) 알맞은(○)	맞는(현재) 맞은(과거)
걸맞는(×) 걸맞은(○)	틀리는(현재) 틀린(과거)
명령·청유형을 만들 수 없음.	명령·청유형을 만들 수 있음.
어미 '–는'을 쓸 수 없음.	어미 '–는', '은'을 모두 쓸 수 있음.

꽃향기 그득한 정원

같은 내용을 묘사할 때 어떤 글이냐에 따라서 사용하는 표현이 달라져요. 여러분이 숙제로 쓰는 글과 친구에게 보내는 문자 메시지나 이메일에서 사용하는 표현이 서로 다른 것처럼 말이에요.

신문 기사나 논문과 같은 글에서는 내용을 분명하고 정확하게 전달해야 하기 때문에 주로 느낌이 없는 딱딱한 표현을 써요. 하지만 시나 수필, 소설 같은 문학 작품에서는 글을 쓰는 사람의 느낌이나 감정을 아름답게 전달하는 것이 중요하니까 느낌이 들어 있는 표현을 많이 쓰지요.

예를 들어서 '많다'든지 '꽉 찼다'는 뜻으로 보통 '가득하다'를 쓰는데, 문학 작품에서는 '가득하다'보다 '그득하다'를 쓰면 느낌이 좀 더 살아나게 된답니다. 그래서 '꽃향기 가득한 정원'보다는 '꽃향기 그득한 정원'이라고 표현하면 꽃향기가 더 진한 것처럼 느껴질 수 있는 거죠.

또 '두껍다'와 '두툼하다'를 비교해 보면, 둘 다 '상당한 두께가 있다.'는 뜻이지만, '두툼하다'는 '꽤 두껍다'는 뜻이기 때문에 '두껍다'보다 좀 더 큰 느낌을 줄 수도 있고, 경제적으로 넉넉하다는 뜻으로도 쓸 수 있어요. 여러분도 이렇게 상황에 맞는 표현을 잘 골라서 글을 써 보세요.

말과 느낌

느낌 없는 말 기사, 논문 등에 사용	느낌 있는 말 시, 수필 등에 사용
가득하다 **예** 사람들이 가득하다.	**그득하다** **예** 들판에는 가을이 그득하다.
낮다 **예** 높이가 낮다.	**나지막하다** **예** 손이 닿을 정도로 나지막했다.
크다 **예** 눈이 크다.	**커다랗다** **예** 커다란 눈에 눈물이 그득했다.
작다 **예** 몸집이 작다.	**자그맣다** **예** 자그맣게 가게를 하나 냈다.
얕다 **예** 깊이가 얕다.	**야트막하다** **예** 야트막한 언덕길로 접어들었다.
멀다 **예** 거리가 꽤 멀다.	**멀찍하다** **예** 생각보다 멀찍하다.
두껍다 **예** 책이 두껍다.	**두툼하다** **예** 용돈을 받아 주머니가 두툼했다.

오늘 날씨는 맑음

　'명사'는 '장미, 책, 사람'과 같이 어떤 것의 이름을 나타내는 말이에요. '형용사'나 '동사'를 명사의 형태로 만드는 방법이 몇 가지 있어요. '맑다' 와 '맑음', '그리다'와 '그림', '만들다'와 '만듦' 그리고 '쓰다'와 '쓰기'를 잘 보면 서로 어떤 관계에 있는 말인지 알 수 있을 거예요.

　먼저 '맑다'와 '맑음'을 보면, '맑다'의 '맑-'에 받침이 있기 때문에 그 뒤 에 '-음'을 붙여서 '맑음'이라고 만들 수 있어요. 그럼 '있다'와 '없다'는 어 떻게 하면 될까요? '있습니다'와 '없습니다'를 생각해서 '있슴'과 '없슴'으로 잘못 생각하고 쓰는 사람들이 많은데, 이것은 '있음'과 '없음'이 맞아요.

　이번에는 '그리다'와 '그림'의 관계에 대해서 알아볼까요? '그리다'의 '그 리-'는 받침 없이 끝났기 때문에 이때는 뒤에 '-음'이 아니라 '-ㅁ'을 붙 여서 '그림'이라고 해요. 어떻게 되기를 원한다는 뜻으로 말하는 '바라다'의 경우는 어떻게 쓰면 좋을까요? '바라다'의 명사형을 '바램'으로 쓰는 사람 들이 정말 많은데 이것은 '바람'이 맞는 표현이니까 잘 기억해 두세요. 또 '만들다'처럼 'ㄹ' 받침으로 끝나는 경우에도 받침이 없는 경우와 마찬가 지로 '-ㅁ'을 붙여서 '만듦'이라고 한답니다. 아주 쉽지요? 다른 형용사나 동사를 가지고도 한번 연습해 보세요.

명사형 만들기

① 어간에 '-음'을 붙임(받침이 있는 경우)

없다 ▶ 없음

내용 없음.(○)
내용 없슴.(×)

있다 ▶ 있음

증가하고 있음.(○)
증가하고 있슴.(×)

② 어간에 '-ㅁ'을 붙임(받침이 없거나 ㄹ받침인 경우)

바라다 ▶ 바람

우리의 바람은 통일(○)
우리의 바램은 통일(×)

만들다 ▶ 만듦

조건을 만듦.(○)
조건을 만듬.(×)

③ 어간에 '-기'를 붙임

까다 ▶ 까기

호두까기 인형(○)
호두깎기 인형(×)

받다 ▶ 받기

쓰레받기(○)
쓰레받이(×)

이제 '당진군'은
'당진시'로 불러 주세요

　우리나라에는 '특별시', '도', '광역시'라는 행정구역이 있어요. 여러분도 잘 아는 것처럼 '서울특별시'가 있고, '경기도, 강원도, 충청북도' 등과 같은 '도'가 있지요. 그리고 '광역시'는 인구가 100만 명 이상 되고 여러 가지로 발전된 도시를 말하는데, 지금은 광주, 대구, 대전, 부산, 울산, 인천의 6개가 있어요. 그런데 이 '광역시'를 잘못 부를 때가 있어요. 예를 들어서 '울산광역시'는 예전에 '경상남도 울산시'였기 때문에 아직도 이렇게 부르는 사람들이 많아요. 다른 광역시들도 마찬가지로 어떤 '도'에 포함된 것이 아니니까 '○○광역시'라고 불러야 해요.

　또 전라도에 있는 '무안군'과 '부안군'처럼 이름이 비슷해 혼동하기 쉬운 곳도 있어요. '무안군'은 전라남도에 있는 곳이고 '부안군'은 전라북도에 있는 곳이니까 '전남 무안군', '전북 부안군'으로 정확하게 사용해야 해요. 여러분도 자기가 살고 있는 곳의 행정구역 이름을 정확하게 써 보세요.

　그리고 '도' 안에는 '군'이라는 행정구역이 있는데, 인구가 많아지면 '시'로 지위가 올라가기도 해요. '충청남도 당진군'은 2012년 1월 1일부터 '충청남도 당진시'로 승격됐답니다. 또 여러 개의 '시'가 합해져서 하나의 '시'로 되는 경우도 있어요. 경상남도의 '창원시, 마산시, 진해시'가 합해져서 '창원시'로 됐으니까 잘 기억해 두세요.

틀리기 쉬운 행정구역

전라도 광주(×)	광주광역시(○)
경남 울산시(×)	울산광역시(○)
전북 무안군(×)	전남 무안군(○)
전남 부안군(×)	전북 부안군(○)
경기도 강화군(×)	인천광역시 강화군(○)

시 승격

화성군 → 화성시, 광주군 → 광주시, 포천군 → 포천시
양주군 → 양주시, 당진군 → 당진시

논산시 두마면 일원(시 신설) → 계룡시
창원시, 마산시, 진해시(합병) → 창원시

책과 함께,
KBS한국어능력시험

KBS에서 초등학생과 청소년을 대상으로 실시하는 한국어능력시험이 생긴 것을 알고 있나요?

'책과 함께, KBS한국어능력시험'이라는 제목이 붙은 이 시험은 외국인이나 성인들을 대상으로 하는 한국어능력시험과 달리, 시험 범위가 책으로 한정된, 어린이와 청소년을 위한 한국어능력시험이에요.

기존에 시행되던 KBS한국어능력시험은 문법(어휘·어법), 이해(듣기·읽기), 표현(쓰기·말하기), 창의적 언어, 국어문화 등 한국어에 대한 광범위한 능력을 평가하는 시험이기 때문에, 초등학생들에게는 잘 안 맞았어요.

'책과 함께, KBS한국어능력시험'은 어린이와 청소년의 한국어 능력을 평가하는 도구이면서 시험을 준비하는 과정에서 책을 읽고 배경지식과 감성을 키우는 등 제대로 공부할 수 있도록 도와준답니다.

이 시험은 문법 능력과 독해력을 진단하는 동시에 추천 도서로 공개된 책을 잘 읽고 이를 통해 언어능력이 얼마나 늘었는지를 알아보는 시험이에요. 물론 추천 도서를 읽지 않아도 시험에 응시할 수 있어요. 하지만 시험의 소재가 되는 내용이 추천 도서에서 나오기 때문에, 결국엔 학생들이 스스로 책을 찾아 읽어야만 합격을 할 수 있고, 이것을 개인의 독서 이력으로 활용할 수

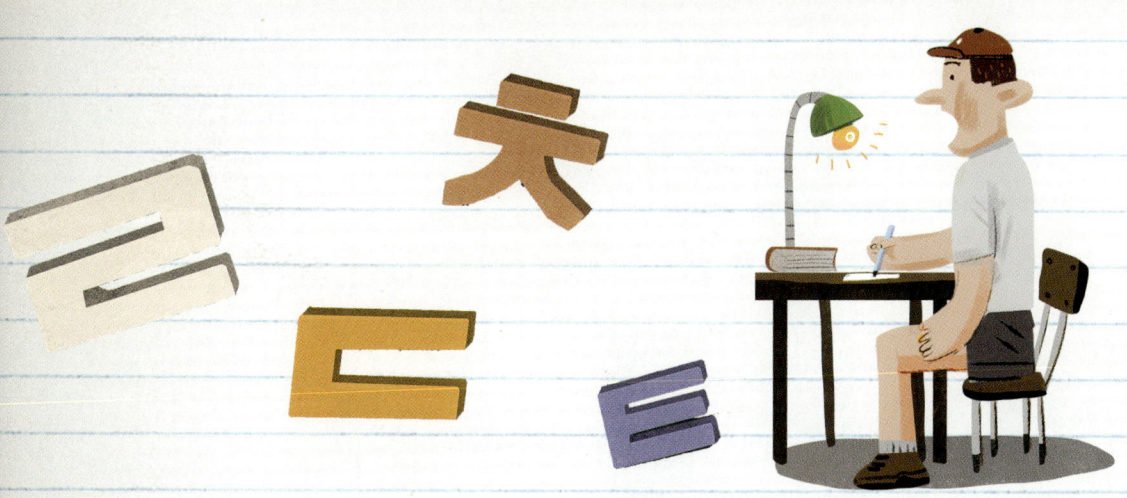

있지요.

책 읽어라, 책 읽어라 소리를 하도 들어서 책이 싫은 친구들은 색다른 자격증 시험에 도전하면서 책 읽는 계기를 만들어 봐도 좋을 것 같네요.

수준	
누리급	유치원(만 5세)
5급	초등학교 1학년~2학년
4급	초등학교 3학년~4학년
3급	초등학교 5학년~6학년
2급	중학교 1학년~2학년
1급	중학교 3학년~고등학교 1학년
S급	고등학교 심화

★2012년 2급~5급 시행. / 1급, S급, 누리급은 2013년부터 시행.

자세한 내용은 KBS한국어능력시험 누리집 http://www.klt.or.kr/withBooks 에서 확인하세요.

5장

외래어는
어떻게
사용할까요?

오렌지 주스가 좋아요

우리가 사용하는 말 중에는 원래 우리말이 아니라 외국에서 들어온 말들도 있어요. '피아노, 컴퓨터, 엘리베이터' 같은 것들이 그것인데, 이렇게 우리말에 들어와서 번역되지 않고 그대로 사용되는 외국어를 '외래어'라고 해요. 그런데 이런 외래어를 글자로 쓸 때도 자기 마음대로 쓰는 것이 아니라 쓰는 법이 정해져 있어서 그 규칙에 맞춰서 써야 한답니다.

과일이나 야채를 짜서 만든 음료를 글자로 쓸 때 '주스'라고 쓸까요? 아니면 '쥬스'라고 쓸까요?

이건 '주스'라고 쓰는 것이 맞아요. 그 이유는 외래어를 한글로 쓸 때 'ㅈ, ㅊ' 뒤에서는 'ㅑ, ㅕ, ㅛ, ㅠ' 같은 모음을 쓰지 않고 'ㅏ, ㅓ, ㅗ, ㅜ'를 쓰도록 돼 있기 때문이지요. 그래서 우리 어린이들이 좋아하는 간식거리는 '쵸콜릿'이 아니라 '초콜릿'이 맞고, 또 '텔레비젼'이 아니라 '텔레비전'이 맞는 거랍니다.

그럼 외래어를 한글로 쓸 때는 항상 'ㅑ, ㅕ, ㅛ, ㅠ'는 쓰면 안 되는 걸까요? 그렇지는 않아요. 그건 앞에 'ㅈ'이나 'ㅊ'이 올 때만 그렇다는 얘기이고, 'ㅑ, ㅕ, ㅛ, ㅠ'를 써야 하는 외래어도 많이 있어요. 우리가 물건을 사러 많이 가는 곳은 '슈퍼'라고 하고요, 봄에 빨간색, 노란색으로 예쁘게 피는 꽃 이름은 '튤립'이라고 쓴답니다.

외래어를 한글로 적을 때도 규칙에 따라 써야 한다는 것을 잊지 마세요.

아나운서와 함께 배우는
우리말 우리글

외래어의 올바른 표기

이중모음으로 표기하지 않음.		이중모음으로 표기함.	
juice [ʤu:s]	주스(○) 쥬스(×)	super [sʃu:pər]	슈퍼(○) 수퍼(×)
chart [tʃa:rt]	차트(○) 챠트(×)	tulip [tʃu:lip]	튤립(○) 툴립(×)
chocolate [tʃɔkələt]	초콜릿(○) 쵸콜릿(×)	suit [sʃu:t]	슈트(○) 수트(×)
television [teləviʒən]	텔레비전(○) 텔레비젼(×)	tutor [tʃu:tər]	튜터(○) 투터(×)

구개음 ㅈ, ㅊ 뒤에는 이중모음을 적지 않음.

반모음 *j*는 생략되지 않은 형태로 표기함.

서비스가 좋은
음식점이에요

앞에서 외래어를 한글로 표기할 때 'ㅏ, ㅓ, ㅗ, ㅜ'와 'ㅑ, ㅕ, ㅛ, ㅠ' 같은 모음을 어떻게 쓰는지에 대해서 배웠는데요, 이번에는 'ㅅ'이라는 자음을 어떻게 쓰고 발음하는지에 대해서 알아보기로 해요.

음식점이나 백화점 같은 데서 손님들을 위해서 신경도 많이 써 주고 잘 도와주면 그곳의 'service'가 좋다고 말해요. 영어로 'service'라고 써 놓은 것을 한글로 바꿀 때는 'ㅆ'을 쓰지 않고 'ㅅ'을 써서 '서비스'라고 써요. 그렇다면 자기가 좋아하는 연예인 오빠나 누나한테 'sign'을 받고 싶어 하는 친구들도 있지요? 이럴 때 'sign'은 어떻게 써야 할까요?

네, 이것도 '사인'이라고 쓰면 돼요. 그런데 '서비스'와 '사인'이라고 써 놓은 대로 발음을 해 보면 발음이 조금 이상하죠? '외래어 표기법'은 외래어를 한글로 쓰는 것에 대해서 정해 놓은 규칙이기 때문에 실제로 발음할 때와는 약간 다른 경우도 있어요. 제일 대표적인 것이 바로 's'와 관계있는 단어들이지요. 그래서 한글로는 '서비스'나 '사인'이라고 쓰지만, 제일 앞에 있는 'ㅅ'은 'ㅆ'으로 발음해서 [써비스], [싸인]이라고 해야 자연스럽게 들린답니다.

외래어의 표기와 발음

외래어	표기	발음
badge	배지	[배찌]
bridge	브리지	[브리찌]
Miss	미스	[미쓰]
center	센터	[쎈터]
circle	서클	[써클]
service	서비스	[써비스]
sign	사인	[싸인]
sound	사운드	[싸운드]

※외래어 표기법은 표기를 다룬 법칙이므로 실제 소리 나는 발음과 다를 수 있습니다.
[-ʤ], [-s], [se-], [rːr], [sa-] 등으로 발음되는 외래어는 된소리로 발음해야
자연스럽습니다.

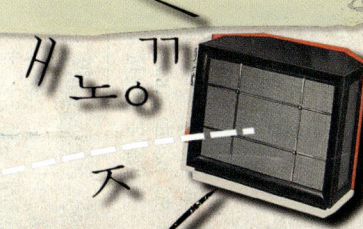

콘서트에 갈까요?

우리는 일상생활 중에 영어 단어를 많이 듣기도 하고 말하기도 합니다. 하지만 영어 단어를 한글로 쓸 때는 어떻게 써야 할지 혼동될 때가 있어요. 예를 들어 '음악회'나 '연주회'를 'concert'라고 하는데, 이것을 '콘서트'라고 쓸지 아니면 '컨서트'라고 쓸지 자신 없을 때가 있지요. 그리고 인터넷 검색도 하고 동영상도 보며 글도 쓸 수 있는 'computer'는 '콤퓨터'라고 쓰는지 '컴퓨터'라고 쓰는지 헷갈리기도 해요. 그런데 여기에는 알아 두면 좋은 일정한 규칙이 있답니다.

영어 단어를 발음할 때 강세가 들어 있는 모음은 원래의 음가를 살려서 발음하는 게 원칙이에요. 따라서 'concert'란 단어는 'o'에 강세가 있으므로, 한글의 'ㅗ' 소리에 가깝게 발음하고 한글로는 '콘서트'라고 써야 해요. 또 실력을 겨루는 대회를 'contest'라고 하는데, 여기서도 마찬가지로 'o'에 강세가 있으니까 한글로 '콘테스트'라고 쓰는 거죠.

그런데 이것과는 다르게 'computer'란 단어의 강세는 앞의 'o'가 아닌 두 번째 모음인 'u'에 있기 때문에 강세가 없는 'o'의 발음이 약해져서 'ㅗ' 소리가 아닌 'ㅓ' 소리에 가깝게 발음되어 한글로는 'ㅓ'로 표기해요. 그래서 '콤퓨터'가 아닌 '컴퓨터'라고 쓰죠.

이제 외래어의 표기 방식에 대해 이해했나요? 영어 단어의 발음 규칙에 따라 외래어 표기가 달라지는 것, 잘 기억해 두세요.

올바른 외래어 표기

영어 모음 'o'를 'ㅗ'로 표기	영어 모음 'o'를 'ㅓ'로 표기
콘서트(cóncert)	컨베이어(convéyor)
콘텐츠(cóntents)	컨설팅(consúlting)
콘크리트(cóncrete)	컨트롤(contról)
콘테스트(cóntest)	컴퓨터(compúter)
콤플렉스(cómplex)	커뮤니티(commúnity)
영어 모음 'o'에 강세가 있으면 'ㅗ'로 표기함.	영어 모음 'o'에 강세가 없으면 'ㅓ'로 표기함.

'인저리 타임'은 '추가시간'이라고 해요

　어떤 운동을 자신이 직접 하거나 구경할 때 그 운동에서 사용되는 용어를 정확하게 알고 있으면 더 재미있고 또 제대로 즐길 수 있어요.

　경기 도중에 선수가 부상을 당하거나 선수 교체, 반칙이나 프리킥, 페널티킥 등의 이유로 시간이 흐를 때가 있는데, 주심이 이런 시간을 계산해서 원래 경기 시간보다 시간을 조금 더 줘요. 이것을 영어로는 '인저리 타임(injury time)'이라고 하는데, 많은 사람들의 의견을 따라서 '추가시간'이라는 우리말로 대신 쓰기로 했어요. 또한 운동 경기를 할 때 상대방이 반칙을 하지 않았는데도 일부러 넘어지거나 하는 모습을 보여서 심판의 눈을 속이는 행동을 보통 '할리우드 액션(Hollywood action)'이라고 하는데요, 국립국어원에서는 '눈속임짓'이라는 표현으로 순화해서 쓰도록 하고 있답니다.

　축구에서 공이 '엔드라인' 밖으로 나갔다고 하면 조금 이상해요. 왜냐하면 '엔드라인'은 테니스나 배구 또는 농구처럼 코트 위에서 하는 운동에서 쓸 수 있는 말이기 때문이지요. '엔드라인'은 코트에서 양쪽의 끝 선이고, 축구나 하키 같은 운동에서 골대를 따라 그어 놓은 선은 '골라인'이라고 해요. 이렇게 운동 경기에 따라서 쓸 수 있는 표현이 따로 있는 것은 정확하게 구별해서 쓰세요.

올바른 축구 용어

드리볼(×) ➡ 드리블(dribble)

골인(goal in)(×) ➡ 골(goal), 득점

스로잉(throwing)(×) ➡ 스로인(throw-in)

엔드라인(end line)(×) ➡ 골라인(goal line)

사이드라인(side line)(×) ➡ 터치라인(touch line)

인저리 타임(injury time)(×) ➡ 추가시간(added time)

비신사적 행위(×) ➡ 반스포츠적 행위
(unsporting behavior)

할리우드 액션(×) ➡ 시뮬레이션 액션
(simulation action),
눈속임짓

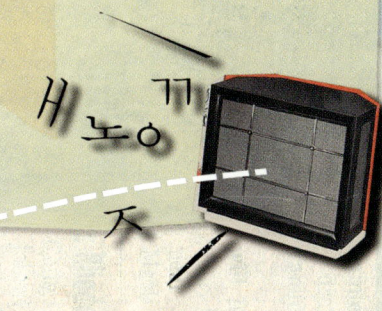

'웰빙'은 '참살이'로 불러 주세요

우리가 생활 속에서 사용하고 있는 외국어 단어는 정말 많아요. '외래어'는 우리 국어 생활의 일부로 들어와서 사전에도 올라와 있는데, '외국어'는 이것과는 개념이 좀 다른 거예요. 그래서 국립국어원과 KBS에서는 우리가 많이 사용하는 외국어 단어들을 우리말로 다듬는 일을 하고 있답니다. 대상이 되는 단어마다 몇 가지 후보를 만들어서 많은 사람들의 의견을 모아 그 중에서 하나를 정하는 작업을 하는 거죠.

요즘 많은 사람들이 건강이나 삶의 질에 관심이 많아지면서 자주 사용하는 '웰빙'이라는 단어를 대신할 후보 단어로 '참살이, 잘살이, 행복찾기'가 있었는데, 이 중에서 '참살이'로 정했답니다. 아마 여러분도 어디선가 '참살이'라는 말을 들어 본 적이 있을 거예요.

햄버거나 감자튀김 또는 팝콘 같은 음식들은 칼로리는 높지만 영양가가 낮아서 건강에는 별로 좋지 않아요. 영어로 이런 음식을 '정크 푸드(junk food)'라고 하는데, 이 말은 '부실음식'으로 바꿔 쓰도록 정했어요. 또 좋아하는 사람들끼리 같이 맞춰서 옷을 입는 것을 '커플룩'이라고 많이 부르는데, 이 말은 '짝꿍차림'으로 쓰도록 정했답니다.

처음에는 좀 어색하게 들릴지 몰라도 자꾸 써 보면 익숙해질 거예요. 외국어를 우리말로 예쁘게 바꿔 쓰는 노력, 같이 해 보면 좋겠지요?

162

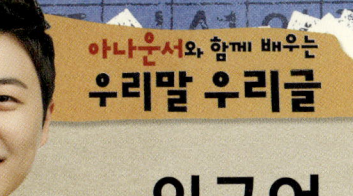

외국어, 이렇게 순화했어요

외국어	순화 후보	순화 확정
웰빙 (well-being)	참살이 잘살이 행복찾기	참살이
풀옵션 (full option)	다갖춤 모두갖춤 모두구비	모두갖춤
커플룩 (couple look)	짝꿍차림 짝꿍복장 단짝차림	짝꿍차림
정크푸드 (junk food)	부실음식 부실먹을거리 허섭음식	부실음식

※출처: 국립국어원 '모두가 함께하는 우리말 다듬기' 누리집

'사시미'는 '생선회', '스시'는 '초밥'이에요

　여러분은 일본 음식을 먹어 본 적이 있지요? 생선을 익히지 않고 생선의 살을 얇게 저며서 간장이나 초고추장에 찍어 먹는 음식을 '생선회'라고 하는데, 이것을 '사시미'라고 부르는 사람들도 많이 있어요. '사시미'는 '생선회'를 뜻하는 일본어 단어지요. '생선회'를 먹을 때는 초록색의 매운 맛이 나는 것을 같이 넣어 먹기도 하는데, 이것의 일본어 표현은 '와사비'지만 우리말로는 '고추냉이'라고 한답니다. 이렇듯 일본에서 온 음식 이름 중에는 우리말로 바꿔서 쓸 수 있는 것들이 아주 많아요.

　여름에 시원한 국물에 삶은 메밀국수를 적셔 먹는 국수를 뭐라고 부르나요? 이것은 '메밀국수'라고 하는데, '모밀국수'로 알고 있는 사람들도 많이 있어요. 하지만 '모밀국수'는 잘못된 표현이고 '메밀국수'가 맞아요. 혹시 이 음식을 '소바'라는 일본어로 말하는 분이 있으면 우리말로는 '메밀국수'라고 한다고 말씀 드려 보면 어떨까요?

　많은 사람들이 좋아하는 또 다른 일본 음식으로 '스시'라는 것이 있어요. 이것은 우리말로 '초밥'이라고 하지요. 밥 위에 생선 조각을 올려놓은 것도 있고 계란 같은 것을 올려놓은 것도 있는데, 모두 우리말로는 '초밥'이라고 불러요.

아직도 사용하십니까?

소바(蕎麥, そば)(×)   ➨   메밀, 메밀국수

복지리(鰒ちり)(×)   ➨   복국, 복싱건탕

사시미(刺身, さしみ)(×)   ➨   생선회

츠키다시(つきだし)(×)   ➨   곁들이 안주

마키(卷き, まき)(×)   ➨   말이, 김말이

스시(鮨/壽司, すし)(×)   ➨   초밥

와사비(山葵, わさび)(×)   ➨   고추냉이

로바타야키(ろばたやき)(×)   ➨   화로구이

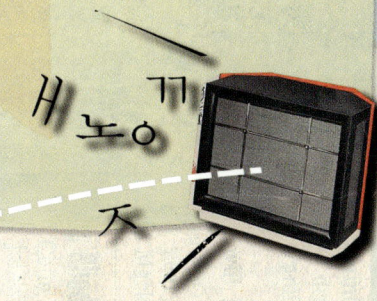

'뗑뗑이'는 '물방울무늬'예요

여러분은 '뗑뗑이'가 어떤 무늬를 말하는지 아세요? '뗑뗑이'에서 '뗑'은 일본어에서 '점(点)'을 뜻하는 한자의 발음인데, 결국 '뗑뗑이'는 우리말로 하면 '물방울무늬'가 돼요.

'뗑뗑이'처럼 옷과 관계있는 표현에는 우리말로 알고 사용하고 있는 일본어 식 표현들이 많이 있어요. 우리 어린이들은 별로 많이 사용하지는 않겠지만, 연세 드신 분들 사이에서는 아직도 그런 일본어 식 표현을 쓰는 분들이 많이 있답니다.

더운 여름에는 소매가 없는 옷을 입으면 아주 시원한데, '소매가 없는 옷'을 '소데나시'라고 하는 사람들이 있어요. 이것은 우리말로 '민소매'나 '소매 없는 옷'이라고 해요. 또 발목까지 내려가지 않고 발목과 무릎 사이까지 내려가는 바지를 '칠부바지'라고 하는데, '부'라는 표현도 일본어의 '분(分)'을 가리키는 말이니까 우리말로는 '칠푼바지'라고 하는 것이 맞아요.

위에 입는 속옷 중에 '러닝셔츠'라고 부르는 게 있죠? 이것을 '난닝구'라고 하는 어른들이 많은데, 우리말 표현이 있는 것은 우리말로 바꿔서 쓰고, 외래어로 된 것은 정확하게 사용하는 것이 좋아요. 앞으로 어른들이 일본어 식의 잘못된 표현을 쓰시면 우리말로 바꿔서 써 보도록 말씀 드려 보는 것도 좋겠죠?

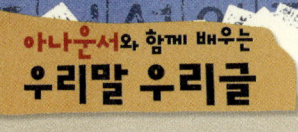

아나운서와 함께 배우는
우리말 우리글

일본어 식 의복 용어

에리(襟, えり)(×) ▶ 깃

> 예 여름에는 깃 없는 티셔츠가 잘 팔린다.

우와기(上衣, うわぎ)(×) ▶ 윗옷, 상의

> 예 날씨가 더운데 상의를 벗고 앉으세요.

칠부바지(−分−, −ぶん−)(×) ▶ 칠푼바지

> 예 발목이 보이는 칠푼바지가 한동안 유행했다.

뗑뗑이(てんてん−)(×) ▶ 물방울무늬

> 예 물방울무늬는 여름철에 시원한 느낌을 준다.

소데나시(そでなし)(×) ▶ 민소매, 소매 없는 옷

> 예 무더운 여름에는 민소매를 즐겨 입는다.

난닝구(ランニング, running shirt)(×) ▶ 러닝셔츠

> 예 날씨가 덥다고 러닝셔츠만 입고 다니면 안 된다.

'전력'을 표시하는 'W(와트)'는 대문자로 써요

우리가 사용하는 단위에는 '사과 한 개, 나무 한 그루'와 같이 우리말로 돼 있는 것도 있지만 영어나 독일어와 같은 외국어에서 온 것들도 있어요. 그리고 영어 같은 외국어 글자에는 'A, B, C'같이 쓰는 대문자도 있고 'a, b, c'와 같은 소문자도 있어서 서로 구별해서 써야 할 때가 있답니다. 대문자는 문장을 시작할 때나 사람 이름의 첫 번째 글자를 쓸 때 사용해요. 그럼 어떤 것을 대문자로 쓰는지 한번 알아볼까요?

집에서 사용하고 있는 선풍기나 냉장고, 세탁기 같은 전기제품에서 잘 찾아보면 200W, 500W와 같은 숫자를 볼 수 있을 거예요. 이 숫자가 클수록 전기를 많이 사용한다는 뜻이니까 전기 요금도 많이 나오지요. 여기서 숫자 뒤에 있는 'W'는 '와트'라고 하는데, 전기 장치에 사용되는 힘의 값인 '전력'을 표시하는 단위예요. 이것은 증기기관을 발명한 제임스 와트(James Watt)라는 과학자의 성에서 가져온 것이랍니다.

우리나라에서는 220V를 사용하는데, 여기서 'V'는 '전압'을 표시하는 단위로 '볼트'라고 읽어요. 그런데 이것은 전지를 통해서 전류를 일으키는 것을 최초로 성공시킨 이탈리아의 물리학자 볼타(Volta)를 기념해서 'V'로 쓰게 된 거예요. 'W(와트)'나 'V(볼트)'처럼 사람 이름(성)에서 따온 단위들은 이렇게 대문자로 표시합니다.

대문자로 써야 하는 단위 기호

단위 기호	유래(성 글자)	단위	용례
W (와트)	증기기관 발명가(영) James Watt	전력	10kW(O) 10kw(✕)
V (볼트)	이탈리아 물리학자 A. G. Volta	전압	220V(O) 220v(✕)
A (암페어)	프랑스 물리학자 A. M. Ampére	전류	10mA(O) 10ma(✕)
Sv (시버트)	스웨덴 물리학자 R. M. Sievert	방사선량	10mSv(O) 10msv(✕)
Hz (헤르츠)	독일 물리학자 H. Hertz	주파수	97.3MHz(O) 97.3Mhz(✕)

세 노이

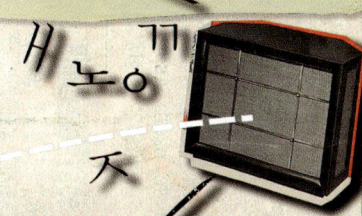

나는 140cm에 30kg이에요

단위 표시 중에는 'W'나 'V'처럼 사람의 이름에서 가져와서 대문자로 쓰는 것도 있지만 소문자로 쓰는 것도 많이 있어요. 그럼 이번에는 반드시 소문자로 쓰는 단위들을 알아보기로 해요.

우리는 매일 길이나 무게 또는 넓이 같은 것을 표시하는 단위를 많이 사용하고 있어요. 먼저 길이와 관계있는 것을 보면, '킬로미터'라고 하는 것은 소문자로 'km'라고 쓰는데, 이것을 'KM'처럼 대문자로 쓰거나 'Km'처럼 대문자와 소문자를 섞어서 쓰지는 않는답니다.

이것은 속도를 나타낼 때도 쓸 수 있어요. 일반도로에서 자동차는 보통 시속 60km로 가는데, '시속'은 1시간을 단위로 해서 잰 속도를 말하니까 결국 1시간 동안 갈 수 있는 거리를 나타내는 것이죠. '시속 60킬로미터'를 '60km/h'라고도 쓸 수 있는데, 여기서 'h'는 '시간(hour)'을 가리키는 거예요. 이것도 대문자 'H'를 쓰지 않고 소문자 'h'를 써야 해요.

이번에는 무게를 나타내는 단위를 볼까요? 우리 몸무게를 말할 때는 주로 '킬로그램'이라는 단위를 쓰는데, 이것도 '30kg', '35kg'과 같이 소문자로 쓰지요.

그 밖에도 넓이를 나타내는 단위인 'm²(제곱미터)', 'km²(제곱킬로미터)', 'ha(헥타르)' 같은 것도 모두 소문자로 씁니다.

소문자로 써야 하는 단위 기호

단위 기호	바른 표기	틀린 표기
km(킬로미터)	60km/h	60KM/H 60Km/h
cm(센티미터)	20cm	20CM 20Cm
kg(킬로그램)	30kg	30KG 30Kg
cc(시시)	500cc	500CC
ha(헥타르)	600ha	600HA

오늘 점심은 **뷔페**에서 먹었어요

　　일상생활 속에서 사용하는 외래어 중에는 영어에서 온 것이 아주 많지만 프랑스어에서 온 것도 꽤 있는데 많은 사람들이 자주 혼동해요. 여러분이 좋아하는 가수나 배우들이 처음으로 연예계에 나오는 것을 흔히 '데뷰'로 알고 있는데, 이는 프랑스어에서 온 표현으로 '데뷔'가 맞습니다. 이것과 비슷한 경우도 여러 가지 음식을 식탁에 차려 놓고 손님이 직접 선택해서 덜어 먹도록 한 식당이 있죠? 이것도 '부페'가 아니라 '뷔페'라고 해야 맞습니다.

　　또 가수가 노래를 잘하면 관객들이 박수를 치면서 뭐라고 소리치지요? 보통 '앵콜, 앵콜' 하면서 박수를 치는데, 이것은 '앙코르'라고 하는 것이 맞아요. 그리고 음악이나 미술 또는 무용 같은 분야에서 실력을 겨루는 대회를 '콩쿨'이라고 많이 알고 있지만 '콩쿠르'가 맞는 표현이랍니다. '앵콜'이나 '콩쿨'이 아니라 '앙코르', '콩쿠르'가 맞는 표현이라는 것을 같이 알아 두세요.

　　뉴스를 보면 가끔 힘을 가지고 정권을 빼앗은 나라에 대한 기사를 볼 수 있지요. 이것을 '쿠테타'나 '구데타'로 알고 있는 사람들이 정말 많아요. 하지만 이건 '쿠데타'가 맞는 거니까 발음을 정확하게 알고 쓰세요.

아나운서와 함께 배우는
우리말 우리글

프랑스어에서 온 외래어

데뷰(×)	→ 데뷔(début)
앙케이트(×)	→ 앙케트(enquête)
앵콜(×)	→ 앙코르(encore)
부페(×)	→ 뷔페(buffet)
콩쿨(×)	→ 콩쿠르(concours)
쿠테타, 구데타(×)	→ 쿠데타(coup d'État)
부르조아(×)	→ 부르주아(bourgeois)
노블레스 오블리제(×)	→ 노블레스 오블리주 (noblesse oblige)

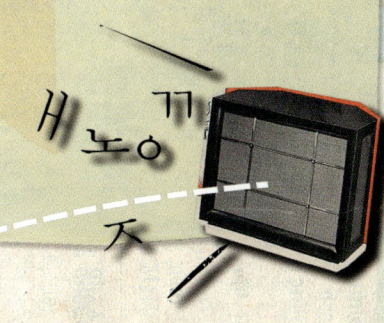

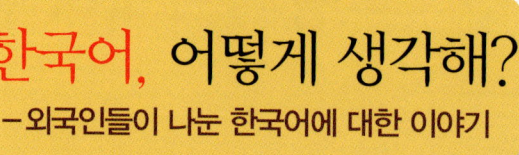

한국어, 어떻게 생각해?
–외국인들이 나눈 한국어에 대한 이야기

나, 얼마 전부터 한국어 배우기 시작했어. 교수님이 '삐뽀삐뽀'라는 의성어 하나를 알려 주셨는데 정말 어감이 마음에 들어. 한국어는 정말 재미있고 다양한 언어 같아. 다른 사람들은 어때? **ImDX**

Lence 동의해. 예를 들어 "답답해."라는 말은 마음이 복잡하고 어지러울 때 쓴다고 하던데 영어로는 표현할 수가 없는 말이야. 저 단어 배우고 나서 "I feel anxious." 대신 "I 답답해."라고 말해.

너희들, '푸르스름하다'이라는 게 무슨 색인지 알아? 파란색이래. '푸르스름하다' 말고도 '불그스름하다', '푸르딩딩하다'……. 정말 매력적인 언어야. **edis**

Bueji 다들 한국어가 좋은 것 같네. 나는 좀 딱딱하게 들려서 싫던데. 근데 모양은 진짜 귀엽지 않아?

맞아. 한국어는 정말 다양하고 좋아. 근데 배우기가 어렵다는 단점이 있어. 한글 발음 원리는 쉽다던데. } **Tora**

jeshmc { 궁금해. 한국인들은 왜 좋은 자국어 놔두고 영어 배우는 데에 그렇게 열중해? 나는 한국어가 더 좋다고 생각해.

알파벳으로는 다른 나라 언어를 받아 적지 못해. 일본어도 그렇고 중국의 한자도 그렇다고 해. 물론 내가 쓰는 불어도 그렇고. 근데 한국어는 모든 언어를 받아 적을 수 있다고 해. } **malou17**

cottondream { 필리핀인으로서, 한국어의 어감은 아시아 언어 중에 제일 듣기 좋아. 화났을 때의 억양은 좀 거칠게 들리지만 연인을 부르거나, 누군가를 위로해 줄 때의 어감은 아주 부드러워.

난 한국말에서 비유로 표현하는 게 좋던데. 한국어는 최고로 아름다운 문장을 만들 수 있는 유일한 언어 같아. } **Maria**

fourth { 나 한국어 배울래. 너희 말 들어 보니까 정말 매력적이야.

(인터넷 글 〈외국인들이 생각하는 한국어〉 중 발췌 수록)

KBS 아나운서가 전하는
바른 우리말 사용설명서

1판 1쇄 발행 | 2012. 6. 21.
1판 7쇄 발행 | 2017. 11. 11.

KBS 아나운서실 한국어연구회 글 | 박지영 구성 | 김상인 그림

발행처 김영사 | 발행인 고세규
편집 고영완 | 디자인 윤소라
등록번호 제 406-2003-036호 | 등록일자 1979. 5. 17.
주소 경기도 파주시 문발로 197(우-413-120)
전화 마케팅부 031-955-3100 | 편집부 031-955-3113~20 | 팩스 031-955-3111

값은 표지에 있습니다.
ISBN 978-89-349-5813-0 63710

좋은 독자가 좋은 책을 만듭니다. 김영사는 독자 여러분의 의견에 항상 귀 기울이고 있습니다.
독자의견전화 031-955-3139 | 전자우편 book@gimmyoung.com | 홈페이지 www.gimmyoungjr.com
어린이들의 책놀이터 cafe.naver.com/gimmyoungjr | 드림365 cafe.naver.com/dreem365

어린이제품 안전특별법에 의한 표시사항

제품명 도서 제조년월일 2017년 11월 11일 제조사명 김영사 주소 10881 경기도 파주시 문발로 197
전화번호 031-955-3100 제조국명 대한민국 ⚠주의 책 모서리에 찍히거나 책장에 베이지 않게 조심하세요.